あいのり投資

一生お金の不安から解放される億万長者の投資術

クローバー・アセットマネジメント株式会社
代表取締役社長
多根幹雄
松尾伸弥

集英社

はじめに
～「あいのり投資」が生まれるまで

松尾伸弥

2015年の秋、雑誌の旅取材で島根県奥出雲《おくいずも》に行った。秋の奥出雲は、どこもかしこも紅葉が美しく、取材班は、あちこちでクルマを止めては写真を撮った。メンバーは編集長と若い編集者とカメラマンと私。

宿泊場所が「奥出雲多根《たね》自然博物館」というところだった。その博物館には宿泊施設があるのだ。いっしょに行ったカメラマンは、旅取材の達人で、なにしろ顔が広い。奥出雲もかつて訪れたことがあり、博物館の館長とも顔見知りだという。しかも偶然、昼間、たたら製鉄師の資料館である絲原《いとはら》記念館を取材中に、その館長とばったり会った。

「そうですか、今夜はうちにお泊まりですか？　だったら、酒とつまみを用意しますので、飲みましょう」

　と、お誘いいただき、その夜は、博物館6階のレストランスペースで飲んだ。

　そうやって酒盛りしている途中で、若い編集者が、館長に聞いた。

「奥出雲多根自然博物館の多根って、どういう意味なんですか」

「ああ、それはですね……」

　と、館長はよくある質問に答えるように教えてくれた。

「みなさんはご存じかなぁ、メガネの三城《みき》ってありますね」

「あ、知ってますよ、メガネの三城……関東だとパリミキですよね」

　と、香川県出身の編集長。

「あの会社はもともと兵庫県の姫路からスタートしたんですけど、その創業者がですね、多根さんとおっしゃいまして、実は奥出雲出身なんですよ。この博物館のすぐ近くに神社がありましてね、奥出雲を出るときに、立身出世を祈願されたという……で、姫路に行かれて最初は時計屋さんをはじめられて、それがいまや、あの大きなメガネチェーンなんですよ。ですのでね、いまも、多根一族の3代目がですね、この館の理事長をされているわけです」

「ほお」

なんて、みんなは聞いていたのだが、私はその言葉に反応した。

「あ、ぼく、姫路の出身なんですよ」

「おお、そうですか」

「高校の同級生に、多根くんって、いましたよ」

「え？　そうなんですか」

高校の同級生で制服を着た多根くんが頭に浮かんだので、私は館長に言った。

「ここの理事長は、彼のお父さん……かもしれないですね」

「その同級生は、なんておっしゃるんですか」

「多根幹雄《みきお》くんですね」

「幹雄さんです、理事長です！」

「いや、だって、彼はずいぶん前に一族でスイスに行って、悠々自適、スイスで暮らしているって聞きましたよ」

「いや、7年前に日本に帰られてですね、いまは、三城ホールディングスの役員でありながら、ご自分で投資信託の会社をやっておられます。その会社は東京なんですよ」

「ああ、そうなんだ……」

と、私は呑気《のんき》なものだが、館長はとても興奮して「いまから、幹雄さんに電話してもよろしいですか」なんて言いだす。


多根幹雄とは、高校時代の同級生ではあるが、親しかったわけではない。ほとんど話したこともないと思う。当時は生徒数も多く、ひとクラス40名以上で10クラスもあったから、話したことのない同級生はたくさんいる。

「あ、幹雄さんですか、いまですね、博物館に雑誌の取材のかたがいらしてまして、あの、ライターさんがですね、幹雄さんの高校の同級生とおっしゃってまして……ええ、松尾さん……覚えておられますか……はい、代わってもよろしいですか、ええ、はい」

と、館長が私にスマホを渡してくれた。

「よお、久しぶり、松尾です……覚えてるかなぁ」

「あ、どうも……」

と、多根もあやしげに答える。

「風のウワサで、スイスに行ったって聞いてたけど……」

「いや、7年前に帰ってきました」

「そう……いま、なに？　投資会社をやってるって？」

「うん、いまもお客さん向けの投資セミナーをやって、その帰りなんです」

「そう……じゃあ、また、機会があれば……そっちの電話番号、館長に聞いていいかな？」

そういうやりとりをして、その数分後にはラインで友だちになっていたように記憶する。

「いやぁ、お客さん集めて投資セミナーやってたって……あれかなぁ、フィリピンでエビの養殖でもやってるのかなぁ」

なんて、くだらない冗談をその場の人たちに言って笑った。

「でも、松尾さん……三城ホールディングスでしょ。多根さんっていう、その友だちは大切にするべきだと思うよ」

編集長は、まじめな顔で私に言った。確かに。そうそう出会う機会のない大金持ちかもしれないなぁと、旅の仲間たちとおおいに盛りあがったわけである。


とにかく、この奥出雲多根自然博物館での夜が、多根幹雄との再会のきっかけになった。

実は、私は40歳を過ぎたころから老眼になり、何年も前から遠近両用メガネをかけていた。その遠近両用レンズをあれやこれやと試したり探したりしているときに、メガネレンズとかフレームの奥深さにとても興味を持った。いつか本にできるネタかもしれないと思っていたのだ。

そこへ現れたメガネの三城の多根幹雄。さっそく連絡すると、とりあえずランチでもということで、多根のやっているクローバー・アセットマネジメントという会社に行くことになった。

クローバー・アセットマネジメントの所在地は、住所は京橋だが、有楽町駅から近く、エリアとしては銀座である。そのあたりに、私は「ほんとうの金持ち」を感じた。見栄を張りたいなら「銀座」という住居表示を選ぶ。けれど、ほんとうの金持ちはそういうことをしない。銀座エリアでも住居表示が京橋というだけで、家賃はぐっと下がるはずである。金持ちは見栄など張らない。実利を選ぶ。

とにかく、京橋にあるクローバー・アセットマネジメントで、高校卒業以来およそ38年ぶりの再会を果たし、銀座まで歩き、ランチを食べながら、私は多根に自分のメガネ選びのときに感じたことを熱く語った。すると、彼はこう言った。

「おもしろいねぇ。松尾くんがいま言ったことって、メガネを選んでいるお客さんの目線そのものだよね。うんうん、うちにレンズでもフレームでも、山のように専門家がいるから、取材してみてよ」

というわけで、いまも、三城の人たちに取材を続けている。とはいえ、メガネの話というよりも、三城の社員ひとりひとりの人生ドラマみたいな話が多いのだが……。


三城のスタッフたちにインタビューを続けながら、多根ともときどき会い、ランチをごちそうしてもらっている。私はまったくの門外漢なので投資の話などはしないのだが、ある日、彼が憤慨して言ったことがあった。

「これからさぁ、日本は老人社会になっちゃって、年金とかも自分で運用しなきゃいけないって時代なのにさぁ……知ってる？　大手の銀行とか証券会社とか、たくさん金融商品を売ってるでしょ？　実は、彼らは、自分のところの商品を、ほとんど買ってないんだよ……知ってた？　どう思う？」

多根のやっている投資信託会社から見れば、大手はライバル。ゆえに、そうやってきつい言いかたをしてるのだろうと思って聞いていたが、彼の憤慨ぶりが少しおもしろかったので、ぽろりと言ってみた。

「それ、本にしない？」

「え、いいよ、書いてよ。ほんと、ひどいんだから、言いたいこといっぱいあるよ」

その憤慨ぶりをそのまま、少しばかりきつめの書き口で出せば、それなりにおもしろい本になるだろうと思った。そこから、ランチを食べつつ語ってもらい、質問し、また語ってもらった。私はほんとうに投資とか金融には素人だから、質問内容も実にトンチンカンだったと思う。けれど、多根は怒りもあきれもせず、ひとつひとつ、とてもわかりすく丁寧に答えてくれた。


なにしろ、お金の話である。

人生の根源的なところであるはずだが、私は、個人的に、実にぼんやりと受けとめてきた。貯金とか年金とか老後の資金とか、キーワードとしては理解できるが、自分自身の人生とは少し離れたところで認識していた。

それが、多根と話すうちに、しだいに「しゃれにならない話」だと感じてきた。そうなると、より客観的な意見も知る必要があると考え、大学時代のツテをたどって日本経済新聞社の記者からも話を聞いた。

そして、お金の話は、まったく、ヒトゴトでないと思うようになった。うかうかしていた自分が馬鹿に思えてきた。

でも、ほんとうに大切なのは、お金のことではなく、幸福になることだ、と、多根は何度も言った。そういう多根の話を聞きながら、私には、はっきりと見えてきた結論がある。

それが「あいのり投資」というコンセプトだ。

これは、たぶん、すべての日本人にとって正しい選択だと断言できる。そういう結論にいたった、多根との会話の一部始終を原稿にまとめてみた。

いまだから読むべき話が、ここにあると、私は思っている。

はじめに

目次

第2章

第5章 資産運用の果実を味わう……159

おわりに

第1章

自分の責任で運用する時代がやってきた

「正直に言って、相場はどうなるか、
これはわからないですよ。相場に張れっていうけど、
じゃあ、明日、日経平均がどうなるか……わからない。
大暴落するかもしれないし、暴騰するかもしれない。
それはわからない。
1年後どうなってるか、それもわからない。
そんなわからないものに張れったって、ぼくはやりません」

自分の責任で運用する時代がやってきた

2018年現在、多根幹雄は、株式会社三城ホールディングス会長である。三城ホールディングスは「メガネの三城」「パリミキ」などのメガネチェーンを展開する株式会社三城の持株会社だ。「メガネの三城」「パリミキ」の国内店舗数はおよそ750店、海外におよそ150店あり、年間売上高は約500億円。従業員数は4000人を超える。三城ホールディングスの主要株主は、30パーセント以上を持つ株式会社ルネットで、多根が社長である。

また、彼は、メガネ事業とはべつに、クローバー・アセットマネジメントという投資信託会社も経営している。そこにたどりつくまでの詳細こそが、この本のテーマである「あいのり投資」という斬新、かつ、目からウロコの投資コンセプトの根幹といえるのだが、多根はいま、しきりに、大手証券会社をふくめた日本の金融機関の現状を嘆く。クローバー・アセットマネジメントという運用会社で、顧客のためのセミナーを開き、投資家たちとコミュニケーションするうちに、自分の求める投資信託の理想的な姿と、わが国における投資信託ビジネスのありようの大きな差に愕然《がくぜん》としてしまうのだ。

確定給付から確定拠出年金へ

松尾（以下、**M**）「多根くんは、２０１３年から、三城とはべつにクローバー・アセットマネジメントという投資信託の会社を経営しているよね。やっぱり投資会社って儲《もう》かるわけ？」

多根（以下、**T**）「いや、儲かるやりかたもあるけど、顧客主体にやると儲からないね。そういう意味では、どっちかというと、人の役に立ちたいって思ってやってるところがある」

M「へえ、そうなの。役に立ちたいって、たとえば、どんな人のためなの？」

T「そうね。メインは、お金のない、若い人たちかな……彼らがいちばん、将来、年金で困るからね」

M「なるほどね。だとすると、どこかの企業の年金を運用するっていうのは、大きなビジネスになりそうだね」

T「あの……確定拠出年金ってご存じですか？」

どこかの企業年金を運用するとビッグビジネスになるんじゃないか、と、冗談めかした質問だったのだが、多根は、そこから、私たちが抱えている将来の不安材料について語りはじめた。

以前は、**企業の年金といえば、確定給付年金**だった。老後の給付額を確定しておき、そこから逆算して掛金が決まる。企業年金の場合、かつては年率5・5パーセント程度の利回りが約束されていた。ところが、バブル崩壊以降、市場が非常に悪くなり、5・5パーセントではまわらない時期が続いた。企業年金の場合、ルール上、給付額に足りないぶんは企業が補塡《ほてん》しなくてはいけないのだが、それがむずかしくなってきたのである。これが実は大変な問題で、その企業のバランスシートに出てこない隠れ債務のようなことになってしまった。

国際的にも、日本企業のそういう隠れ債務が問題になった。それもあり、**2001年から、確定拠出年金がスタート**したのである。確定拠出年金は、現役時代に掛金を決めて拠出し、その資産を、会社ではなく社員が運用して老後の受給額として支払われる。会社が5・5パーセントで利回りを保証するのではなく、**社員が自分の責任で運用してくださいというのが確定拠出年金**なのである。

自分の責任で運用する——自己責任。これが実は、クセモノだ。ほんとうに、素人の私たちが、うまく運用できるものなのか。以前は確定給付で年率5・5パーセントが約束されていたのだから、できれば、そこを目標にして運用をめざしたい。だが、そんなことが可能なのだろうか。

確定拠出年金に切り替えたことで、企業は運用成績に責任を持たなくてよくなった。だが、確定給付から確定拠出に移管するためには、それまでにマイナスになっていた部分を、企業が全部いったん精算する必要はある。

たとえば、三城ホールディングスの場合、2003年に数十億円もの赤字補塡をして、確定給付から確定拠出に移った。どこも同様だろうが、確定拠出では、パッケージ化された運用商品が複数あって、そのなかから社員みずからが選び、自分で運用しなさいという仕組みだ。当初、多根はあまり意識していなかったのだが、じっくりと中身を見てみると、いろんなファンドがたくさんありすぎて、よくわからない状態になっていることに気づいた。

運用商品は、大手証券会社がやっている運用管理機関が用意していた。運用管理機関が選んで、こういうのがあります、リスクはこれくらい、予想利回りはこれくらい、どうですか、という具合だ。そう言われると、確かに自分で選んで運用している気がするのだが、金融機関にとってはそれこそがビジネスだから、自分たちに都合のいい自社商品を多く入れてくる。

もともと30年とか40年の長期運用を想定した商品ではないし、古くなった商品を償還（運用そのものを中止して、客に資産を戻すこと）するのも困難なので、時代の変化に対応しようとすると、どんどん金融商品が増えてしまう。三城の場合も当初10商品だったものが、わずか15年で2倍近くになっていた。

企業側も、ふつう、具体的な中身など見ていない。確定給付から確定拠出に変わった段階で、もうリスクがないわけだから、あとはノーチェックというわけだ。

社員はかなり勉強しないとむずかしいと思うが、多根は、どんなに勉強しても的確な運用は困難だと断言する。おそらく金融機関で働いてる人間ですらよくわかっていないし、なにより、**日本の金融のビジネスモデル自体に問題があるから**だ。

たとえば、こんな具合だ。

多根は、三城の確定拠出年金に『コドモファンド』も組み入れることができないかと、当時の運用管理機関である大手証券会社に相談した。コドモファンドというのは、クローバーの運用する主力ファンドだ。ファンド・オブ・ファンズという形態で、ひとつのファンドに複数の厳選したファンドを組みこんでいる。リスクを分散できるというメリット以上に、中長期の市場環境に合わせてファンドの中身を最適なファンドに随時変更することが可能なので、つねにベストな運用状態が維持できる。まさに確定拠出年金のような30年40年の長期で運用するのにふさわしい商品だと、多根は思っている。

そういう思いがあって、三城の社員たちが選べる銘柄に、自分がファンドマネージャーとして運用しているファンドを組み入れることができないかとリクエストしたわけだ。すると、三城の年金を扱う運用管理機関に、そのためには数千万円かかると言われた。システム投資などに費用がかかるということだった。

そこで、多根は、以前から親しくしている投資信託会社に相談に行った。その会社も運用管理機関のライセンスを取って確定拠出年金事業をやっていたからだ。聞いてみると、ネット系証券会社がバックにいて、そこに運営指導してもらっているとのことだった。コドモファンドの組み入れについてたずねると、まったく問題なく、費用もかからないという。三城の運用管理機関と言っていることがまったく違うのである。システム管理費に数千万円かかるというのも、なんだかあやしい。ということで、運用管理機関を変えようということになった。

何社かに見積を依頼することにした。公平を保つために、これまでの大手証券会社にも参加してもらい、紹介されたネット系証券会社にも見積プランを出してもらった。もう1社、当て馬のつもりで、たまたま、ある保険会社が運用管理の業務開拓に熱心だと聞いていたので、そこにも見積を依頼。結果的には、その保険会社がいちばん安く、最初の予算と比較すると、年間で運用管理費用がそれまでの約3分の1になったのである。

運用管理機関になると、**金融機関は、自社の商品を中心に、運用パッケージ商品をつくる。**つまり、すべてが彼らのビジネスであり金儲けなのだ。ほかの商品を入れたくても、システム管理費がかかるなどの理由で入れさせてもらえない。そのうえで、自己責任で、自分たちで運用してくださいということになっている。限られた商品しか並んでいないにもかかわらず、自己責任で選べと指示される。**ほんとうに選ぶべき運用商品は、そこには存在しないかもしれ**

ない。

三城の場合、クローバーのコドモファンドを組み入れてもらうことをふくめ、中身はしっかりと真っ当なものを選んで組み合わせることを前提に、かつ、少しでも手数料も安くしたいという思いで、2018年に新しい企業年金をスタートすることができた。運用管理機関を変更することは、どうやらタブー視されているらしく「それまで頼んでいた大手証券会社の担当役員からは、ずいぶんとイヤミを言われたんだよ」と多根は苦笑する。

それやこれやで、三城の社員たちの年金を運用するパッケージに、多根がファンドマネージャーであるコドモファンドが入ったことで、実はひどくリアルに、多根は社員たちの将来に責任を持つことになった。世のなかは、なにがあるかわからない。世界情勢が不安定で、責任も重いに違いない。

運用であるから、ぜったい大丈夫ということはない。しかし、少なくとも、自分が信じるいちばんいいと思うファンドだから、**短期間ではわからないけれ**

ども、10年とか30年という長期で見れば、いい結果が出るという信念でやっている、と、多根は言う。

確定拠出年金になって、社員が老後のお金をどうするかという問題が、実は、わが国のこれからを憂う大きな不安材料にもなっている。

大きな流れでいくと、会社が利回り保証ということができないから、社員が自分の責任で運用してくださいというのが確定拠出年金である。多くの会社が、確定拠出年金に移りつつあり、社員なりのリスクを取ってもらったにもかかわらず、しっかりと長期に適応できるであろう商品が、実は、いま日本にはない。1年2年くらいはうまくいっているファンドはあるだろうが、5年10年、若い社員なら30年くらいの長期——30年間の運用に耐えられる商品がないというのが現状なのである。

しかし、多根はコドモファンドについて「長期の場合は大丈夫だ」と言いきる。このあたりに、多根のファンドに関する考えかたが、これまでの日本の常識とは違うということが表れている。

いまこそ、運用は長期で考えるべき

M「ぼくなりに取材してみたんだけどね、10年とか30年のスパンで大丈夫っていうファンドはないんだってね……」
T「ないね、それは。ファンドには必ず寿命があるから」
M「多根くんの話だと、10年とか30年ならなんとかなる」
T「うん。うん」
M「言ってること、逆じゃん？」
T「確かにそう思うかもしれない。でも、ぼくのやってるコドモファンドなどは、すべてファンド・オブ・ファンズだから、組み入れている個々のファンドに寿命があったとしても、どんどん旬のファンドに入れ替えることができる。

だから、30年でも大丈夫っていう設計になってる」

M「ふーん、そういうものなの？」

T「うん、このあたりのことは、のちのち、ゆっくりと解説するから……」

M「うーん、そういう解説がキモかもなぁ。おれ的には、ちっともわかってないからね」

T「了解（笑）。もうひとつ、とても大切なことは、確かなものだけに投資するってこと。たとえばね、明日どうなるかはわからない。たとえば、朝鮮半島がどうなって、中東がどうなるのか、これはわからない。大地震がくるとか……なにが起こるかわからない。逆に言うと、近いほどわからない」

M「そうか。逆に長い目で見ると……」

T「長い目で見るとね、なにに投資するかって、株価に投資するわけではない。相場に張るわけじゃないんですよ。企業の成長に投資するわけ」

相場に張る――投資や運用について語るとき、頻繁に出てくる言葉だ。「相場」とは市場において形成される価格や値段、交換比率のことである。特定の事象に対して「その状況ならたいがいはこうなる」というお決まりの典型的なパターンを意味することもある。つまり**「相場に張る」というと、日経平均株価などのわかりやすい指標を参考にして、株式市場全般にお金を賭《か》けるというニュアンス**である。漠然とした世のなかの動きに従うという要素もある。

だが、**投資するべきは相場ではない、**と、多根は言いきる。世のなかは、つねに変化している。時代の流れがエネルギーになって、人が求めているものは変わる。その変化にしっかりと応《こた》えられる企業は、必ず成長する。どんなに相場が落ちようが関係ない——それが、多根の主張である。もちろん、そういう企業も短期では成長しないかもしれない。どんなにいい会社でも、一瞬、リーマン・ショックのように相場が大暴落すると株価も落ちるものだ。が、時代の変化に応えられる会社は、しばらくすると、すぐに株価は戻ってきて、業績ももともとの成長軌道に戻る。

たとえば、検索エンジン。ヤフーやグーグルがスタートした当初は、どういうものかわからなかったが、使っているうちに便利であることがわかり、いろいろサービスも増えてきて、いまや1日何回も検索エンジンを使っている。そういう感覚は、ＩＴの専門家でなくてもわかる。もしかしてこの会社はすごいんじゃないか、自分の生活のなかでこれだけ影響を受けている。以前はこんなにスマートフォンを見ることなかったのに、いまは1日どれくらい見ていることか……そういうふうな生の感覚が、とても大切なのである。

自分のわかる範囲での「変化」が大事なのだ。もしかしたら、去年より今年のほうが、利用する回数が増えていると思えば、この会社は、やはりいいと確信できる。もっと言うと、なくなっては困るくらいの感覚だ。なくなっていい会社の株を買う必要はないが、**自分の生活のなかで、なくなったら困る会社は、間違いなく成長しているということだ。**

多根は、相場ではなく、そういう感覚が大切だと考えている。そのうえで、きちんとした裏づけも必要である。この会社はおもしろいんじゃないかという実感だけではなく、企業をしっかりと分析した成長に対する裏づけも大切だ。

そして、長い目で見て、時代は変化しているという認識を持つこと。１年２年先の話ではなく、10年20年30年で、自分の資産を増やすことを考える。大手証券や銀行のキャッチコピーに惑わされることなく、自分の感覚で、自分の目で、自分の頭で考えて、将来に備える。まずは、その覚悟を持つことが大切なのである。

相場に張るより未来ある会社に賭けろ

T「なにに賭けるかって言うと……時代が変化してることは間違いないわけです。変化していくなかで、新しい需要、たとえば、わかりやすい例で言うと、電気自動車とかね。ただ、単純に、テスラとかに投資すればいいということじゃないよ。

たとえば、ガソリン自動車の時代と電気自動車の時代では、必要な部品もぜんぜん変わってくるわけですよ。いままで、充電池用のちっちゃい部品をつくってたような会社が、それをきっかけに、すごい会社に変わる場合があるわけ。充電池になくてはならなくて、ほかでつくってないパーツ、とかさ。そういう、これからの未来に不可欠な会社に投資をしなきゃいけない」

M「でも、それで失敗したら怖いから、相場に張って、日本経済全体に張っておきなさいよっていう理屈だよね」

T「そんなこと、あり得ない。はっきりしてるのは、環境がどんどん変化してるってこと。そのなかで、対応できた会社は伸びるし、できなかった会社は衰退していく。はっきりしてる。それをちゃんと見極めて、これから伸びる会社に賭けよう、と。それだけです。

正直に言って、相場はどうなるか、これはわからないですよ。相場に張れっ

ていうけど、じゃあ、明日、日経平均がどうなるか……わからない。大暴落するかもしれないし、暴騰するかもしれない。それはわからない。１年後どうなってるか、それもわからない。そんなわからないものに張れったって、ぼくはやりません」

時代は、確実に変わる。これから自動車は変わっていく、ネットはこういうふうに変わっていく……そのなかで、新しい需要が出てくる。それに対応できる会社が世界にどのくらいあるか、と、考える。この会社とこの会社くらいだと……だとすれば、このマーケットがこれから大きくなるのなら、いまは小さな町工場かもしれないが、世界に同じノウハウを持つところがないのなら、当然この会社のポテンシャルは大きい。

確実に、時代がこういうふうに変わる、そのなかで必要なものはなにか、それを供給できる技術を持っている会社はどこか。世界でここしかない、だとしたら、**相場に張るよりその会社に賭けたほうがずっと確実である。**

多根の意見は、実に明快である。

日本にも、いい会社はたくさんある。なのに、日本は少子高齢化でダメだとか、日本は財政赤字が1千兆円を超えているからダメだとか、みんなが同じようなことばかり言う。けれど、そんな嘆きは関係ない。日本の田舎にある会社でも、高い世界シェアを持っている会社はある。でも、それを知る人はわずかだし、アナリストがフォローしていない公開企業も驚くほど多い。

個別の銘柄をきちんとピックアップして探そうとしないし、仮にそれが入ってるからといってファンドは売れない。「わけのわからない、誰も知らない会社に投資するファンドです」では、誰も買わないのである。大きくて有名な会社が入っていれば、みんな、安心する。しかし、多根は「誰も知らない伸びる会社」を宝探しのように見つけることのできるファンドマネージャーを探そうとする。それこそが、ほんとうの運用の醍醐味、なのだと言う。

人生１００年時代だからこその「覚悟」

T「平均寿命がどんどん伸びてる。もう１００まで生きるのもふつうになってきてるんですよ。65でリタイアして、１００っていうと、35年あるわけ。そうすると、退職金を、仮にガバッともらった人がいたとしても、運用してなかったら足りなくなる」

M「そうなんだよねぇ。あんまり考えたくないんだけどねぇ」

T「これは若い人たちだけの問題じゃなくて、年を重ねた人にもすごい大きな問題なんですよね。ほんとに、いま、どういう時代かっていうことを知ってほしい。運用とか、お金のこと、そんなの知らないとか関係ないとか思ってるかもしれないけど、実はそうじゃないんですよって話をしないといけないと思うんですよ」

M「普通預金に預けてますとか、定期にしてます、それでいいんでしょって、ものすごく漠然と思ってるんだよね」

T「かもしれない。でも、いまはゼロ金利だし。預金だと、ぜんぜん増えないし……たとえば、若い人はたぶん、年金ってどうなるんですかって聞くと、いやぁあんまりアテにならないねって、100人に聞いたら100人が答えると思う。年金が破綻《はたん》するかどうかはべつにして、必ず起こることは、支給年齢がいま65歳だとすると、それが70になり75になり、さらに、その支給額がだんだん減っていく……たぶん、これはかなりの確率でそうなると思うんです」

実際、政府は、その対策として、NISAやiDeCoをスタートさせた。**NISAとは、少額投資非課税制度。iDeCoは個人型確定拠出年金。**わかりやすく大雑把《おおざっぱ》に言えば、**どちらも税金は少しばかり大目に見てあげるから、とにかく自分で運用しなさいということ**だ。

誰でもできて、税法上はメリットが大きいが、要するに「国を頼りにしてもらっては困るので、税的な面で優遇してあげるから、あとは自分でやってくれ」ということなのだ。国には、もう頼らないでくださいという意思表示なのである。

企業も、確定給付年金では無理だから確定拠出年金ということになった。要は、国は税金を優遇してあげるから、企業はお金は出すから、とにかくあとは自分で運用しなさいと言っている。いままでみんなが頼りにしていた国や企業は、もうお手上げなのである。頼ってもらっても困ります、あとは、みなさんでやってくださいという時代になったのだ。

まず、この認識が必要である。さらに言うと、若い人だけの問題ではない。多くの人が１００歳まで生きる時代になり、すでに定年を迎えて自分たちの年金はなんとか確保できていると思っていても、実は、それでは足りないのである。しっかりと運用して増やしておかないと、とても１００歳まで安心して生きられない。

だからこそ、運用ということを真剣に考えなくてはいけない。そこを、まず理解する必要がある。若い人も年寄りも、運用のことを真剣に考えて、自分でやらなくてはいけない時代が来た。

つぎの問題は、自分でやろうと思ったとき、どうするか。証券会社や銀行に行って相談するのが正解なのか？　いい餌食《えじき》がネギを背負って、カモネギで来ましたということになってしまわないか？

いま、本屋に行くと、そういう大手証券や銀行に頼らずにやろうというコンセプトをもとにした本がたくさん並んでいる。**そうした本のトレンドのひとつが「分散投資」だ。**ファンドの分散投資。インデックスの4分割と呼ばれるもので、日本株式・日本債券・海外株式・海外債券に分散してインデックス・ファンドやETF（上場投資信託）を買っておこうということだ。これは運用の基本的なセオリーのようにいわれている。

だが、**このセオリーすら通用しない時代**になってきている。

これからますます運用がむずかしい時代になる。運用のプロといわれている銀行や証券会社はアテにならない。さらに、自分でやろうと思っても、いままでよりも運用がむずかしい時代が来ているのだ。

なんのために運用してお金を増やすのか

M「いろいろ話しているうちに、なんかちょっと怖くなってきたんだけど、どうすればいいのかね、ぼくたち」

T「そのあたりのことを、これからじっくりとお話ししようと思ってるんですけどね」

M「うん、できるだけ具体的に、ぼくもしっかりと聞いていきたい」

T「でも、その前に……そもそも、なぜ運用するか、ですね」

M「そりゃあ、お金を増やしたいからだよね。これから先、将来に不安なく過ごせるように、お金を増やしたい」

T「うん、お金を増やす……でも、結局、運用の話とかお金の話って、つきつめていけば、最終的にどういう生きかたをしたいんですかというところに行きつくんです。それがはっきりしてないのに、へたにお金が集まると不幸になる人がいるからね」

M「不幸になるくらい集めてみたいけどなぁ」

T「結局のところ、しっかりと長期で考えれば、実は運用ってそんなにむずかしくないんです。だけど、お金が貯まったあとがむずかしい。そもそもなんのために運用するかっていう目的は、ふつう、お金を増やすためってことになるんだけど、そうじゃなくて、お金から自由になるためなんだよね。お金から自由になったときの自分……そこに運用の目的があるってことかもしれない」

お金の不安から解放されたことを想像して、そこに見える自分――。お金から自由になったときになにをするか。実は、それがけっこうむずかしい。好きなことをやりたい、と、まず思う。旅行に行ったり遊んだり、ほしいものを買ったり、おいしいものを食べたり……でも、そういうことは、最初のうちは満足できるが、しだいにつまらなくなる。

結局、お金というのは不思議なもので、自分のために使おうと思うと、いいことばかりではなくなる。おいしいものを食べたり、お酒を飲んだりしていると、からだを壊す。いくらでも食べられるわけではないし、飲めるわけでもないし、遊びつくせるわけでもない。結局、最終的には世のなかのために使うという発想にならないと、人間は、幸せになれない。

ところが、私たちは、そういうことをあまり語らない。自分がお金持ちになったら、なにをするか。どういうふうに世のなかのためにお金を使うか。そんな話は学校でも教えてくれないし、仲間とも語りあったりしない。

もしかすると、お金の話をしないのは、日本の美意識なのかもしれない。それどころか、お金を儲けることが、どこか悪いことであるような感覚が日本人にはある。しかし、アメリカでは、お金持ちになったら、どういうふうに使うべきか、小学生のときから話しあう。どこに寄付をして、誰の役に立つべきか、どういうふうに社会貢献するべきか、子どものときから考える。必然的に、お金は悪いものではなく、社会の役に立つものという意識になる。

ところが、日本の若者たちは、これからどんどんお金の運用をやらないといけないのに、学校で、お金に関する授業などはない。しかも、お金を儲けて成功した人が、お金について語ることを社会的によしとしないから、ますます、お金に関するさまざまなノウハウが伝わっていかない。さらに、長年にわたる証券会社の顧客を無視した営業が、投資で大きく損失した人々を生み「投資は怖いもの」という日本人の意識を決定づけてしまった。

日本はいま、自分たちで運用しないと老後までもうお金がありませんという社会に大きく舵を切った。

多根が言うように、投資で儲かったらどう社会貢献するのか、幸福とはなにか、というような話を、どんどん、みんなが話題にして、若い人たちが考えていくことが、この国の未来に役立つのではないか。

多根は以前、スイスに住んでいた経験を持つ。そこで出会ったスイス人というのは、国に依存したがらないし、そもそも国なんてアテにならないと思っている。自分たちでなんとかする、というのが基本である。多根は、あまりに日本人は依存心が強いと嘆く。日本人は、国に対しての依存心が強すぎる。地方に行くと国からもらう補助金の話ばかりだし、その国自体がアメリカに依存している。

スイス人は、逆に、ひとりひとり、しっかり自立して、自分の価値観を持って、責任を持って生きている。そのことを尊重しながら、お互いが協力している。日本もこれから、そうなるべきではないか。

お金の運用の仕方についても、まずは自分で腹をくくって、自分の責任でやるんだと決める。国の年金制度や政策を批判する前に、自分でなんとかするんだと腹をくくる。政府がどうとかアメリカがどうとか文句を言うのではなく、自分で最悪の状態を想定して対応はしておく。政府や他人の責任にしない。そんな姿勢でいるべき時代がやってきたのだ。

第2章

スイスのプライベートバンクで学んだこと

「プライベートバンクって、
投資の神さまみたいな存在だと思ってたわけですよ。
歴史もあるし経験もあるだろうし、
ずっとそればっかりやってるわけだから。
でも、中身を見て、びっくりした。なにこれって」

スイスのプライベートバンクで学んだこと

多根は、かつて、家族とともに9年間、スイスで暮らしていた。そこで学んだことは、スイス人の「自立精神」と「時間の力を活かす生きかた」だ。国家や他人に頼ることなく、長い時間軸を活用して価値を上げていくという哲学である。そして、多根は、プライベートバンクを体験することで、スイスの資産家たちがどうやってファミリーの財産を守り育てているかを知ることになる。世界20か国をまわり、じかにたくさんのファンドマネージャーと会い、彼らの才能に投資するダイナミズムとコツを学んでいった。

９年間のスイス滞在

M「多根くんは、以前、スイスに住んでたんだよね」

T「１９９８年末から９年間ね。カミさんと子どもといっしょに」

M「風のウワサではさ、一族でスイスに移住して悠々自適の生活をしているらしいって言われてたんだけど」

T「大間違いだね（笑）」

M「三城の株を売って莫大《ばくだい》な資産を持ってスイスに行ったって……」

T「風のウワサを、信じちゃいけないね。ひと株も売ってないしさ」

M「違うのかぁ」

T「三城も当時、パリとかロンドンとかフランクフルトには、ぽつぽつとお店があったんだ。けど、新たにチェーン展開するのには、ちょっと遅い。だったら、Ｍ＆Ａというか、どこかと提携したり買収したり、そういうかたちでヨー

ロッパの市場に展開していくための拠点として、スイスに行ったわけ」

三城は１９３０年、幹雄の祖父である多根良尾《よしお》氏が兵庫県姫路市に「正確堂時計店」を創業したことがはじまりである。良尾氏は、現在の島根県奥出雲町出身。地元を出るときに村の神社に「立身出世ができますように」と祈願したとされる。１９５０年「株式会社三城時計店」を設立。１９６０年「株式会社メガネの三城」と改めメガネ専業となる。幹雄の父である裕詞《ひろし》氏とともに、全国にチェーン展開。１９７３年、東日本の拠点づくりのため東京都中央区に「株式会社パリーミキ」設立。前後してフランス、シンガポールにも出店、世界展開を開始。１９７９年に初の郊外型店舗を岡山に出店。土地が安価な場所に駐車場つきのお城のかたちをしたロードサイド型店舗という形態で、全国各地を席巻する。１９８８年「株式会社三城」と改め、本社を東京都中央区に。２０００年には国内外店舗数が１０００店を超え、翌年には海外店舗数が１００店を超えた。

多根幹雄がスイスに行った1998年ごろというのは、三城の売り上げはどんどん上がって、ピークに登りつめている状況だった。メガネ業界においては世界でも第3位にランキングされ、もちろん国内では断トツ1位。三城1社の利益が2位以下すべての利益合計より勝《まさ》っていたほどだ。当然、その勢いをかって海外展開になるのはおかしくない時期ではあった。

だからといって、三城の社員が社命を受けてM&Aのためにスイスに赴任したわけではなく、三城の御曹司が、M&Aという目論見《もくろみ》もありつつ、いろいろと勉強もかねて家族でスイスに移り住んだというのが、正直なところかもしれない。個人的には、多根には危機感があったという。売り上げが伸びているからこその、漠然とした、それでいて本質的な危機感。数字の裏側にある、会社の方向性と未来に対する不安でもある。

国内で儲かっているからこその海外展開。しかし、早急に進めすぎて失敗しては元も子もない。三城の未来をじっくりと模索する意味でも、当時39歳になる多根が、みずからの視野を広げるために、ヨーロッパに出向いたということでもある。

プライベートバンクを知る

M&Aのためには、資金がいる。ヨーロッパの会社とのM&Aなのだから、円では投資できない。スイスフランやユーロという通貨で投資する必要がある。そこで、多根がやるべき最初のことは、日本にある円を、どういう有利な条件でユーロに替えるかということだった。M&Aに備え、資金をしっかりと運用する必要もある。

ツテがないという前提で考えて、しかも、いちばん最初に円をスイスフランとかユーロにするとなると、私たちの素朴な感覚でいうと、まずは銀行に行かなくてはいけない。

というわけで、もちろん多根も銀行に行くのだが、それは、ふつうの商用銀行ではなく、プライベートバンクだった。スイスに行ったときに頼った弁護士が、プライベートバンクのなかでも老舗のところを紹介してくれたのだ。多根は、家族３人でスイスに行ってすぐ、まずは弁護士と会い、ビザのことや車の手配などを頼った。そうやって生活の基盤を確保していったのだが、Ｍ＆Ａの資金をどうするかについても、弁護士からアドバイスを受けた。

それがプライベートバンクである。

スイスのプライベートバンク――。

そこは、いわゆる特別な領域で、かなり敷居は高く、誰かの紹介なしでは入ることはできない。どこにあるか看板も出ておらず、入り口のところに小さなプレートがついている程度のたたずまいらしい。呼び鈴を押して、名前を言ってドアが開くこともない。事前に予約が必要。ふつうでは、ぜったいに入れない領域。

弁護士が紹介してくれたプライベートバンクは、スイスでも有名な、知る人ぞ知るところだった。

プライベートバンクとは、基本的に富裕層相手の資産保全や資産運用をおこなうために、何人かの個人のパートナーが経営する銀行のことをいう。ふつうの商業銀行は、預金があって貸し付け業務で成り立っている。しかし、プライベートバンクの場合は、資産の保全と運用がメインの業務であり、基本的に貸し付けがない。

もともと資産家が、**自分のファミリーのお金を運用していて、その資産家が運用上手だったために、人がつぎつぎにお金を預けていった――それがプライベートバンクのはじまりだ。**先祖代々受け継がれてきた莫大な資産がある人たちが、まずは自分たちのお金を運用する。そのなかでもとくに運用上手な人が現れて、銀行家になったというわけだ。プライベートという意味は、個人向けということではなく、個人の無限責任において、ひとり、もしくは何人かのパートナーが設立した銀行という意味である。

もちろん、プライベートバンクでも、円からスイスフランというような為替業務はおこなう。スイスの特徴として、まわりにドイツがありフランスがありイタリアがあるため、為替は必需なのである。**どの通貨でどう運用するかというのは、スイスでは当たり前に考慮されるべきことなのだ。**

資産保全が最優先だったのに

M「弁護士さんに紹介されて、プライベートバンクに行った、と」

T「彼らも、お客さんを受けるときに、いろいろ調査するわけ。よくあるのはマネーロンダリングみたいな、へんなお金じゃないかとかね。その点、こちらは上場会社で、業績もよく、株価も高くて、そのお金なんだから、向こうからすると上得意というか……。こちらとしては、スイスのプライベートバンクで、老舗で、有名なところだから、すごいノウハウがあるんじゃないかって思っていたわけですよ」

M「プライベートバンクっていうのは、雰囲気はどんな感じなの」

T「邸宅みたいなんだよ。だから、応接間に通される感じ。もちろん銀行業務をやってる部屋にはパソコンが置いてあったりするかもしれないけど、お客さんが通される場所というのは、邸宅の応接間みたいなところ」

M「ふつうの銀行の窓口って雰囲気じゃないわけだね。伝統と格式を備えた本物の金持ちの世界……いやぁ、なんだか緊張するね」

T「当時、どれくらいのお金を入れたのか、ちょっと覚えてないんだけど……」

M「ざっくり、いくらくらいなのさ？」

T「うーん、15億くらいじゃなかったかな」

M「じゅ、15億！　いや、まじで緊張してきた」

T「M&A資金としてはたいした額じゃないけどね。まずは実験的に、ということもあったけど、これはM&Aに使う大事なお金だし、そんなに運用成績は

上げなくてもいいから、大切に運用してください……つまり、あんまりリスクを取らないで運用してくださいってお願いしたんだ」

多根にとっては、スイスでの最初の一歩である。M&Aというプランがありつつ、スイスで視野を広げ、会社の将来を展望するという目的がある。まずは、運用資金を、円からユーロやスイスフランに替えて、しっかりと保全してもらいたいという依頼だ。投資の具体的な中身は、プライベートバンクにまかせた。多根の意識としては「こっちは、メガネ屋さん」なのである。向こうは、スイスの伝統ある運用の大家。基本的に、おまかせするしかない。ただ、リスクを取るか取らないかとか、という大枠のところは確認したのだ。

スイスの金融には、堅実なイメージがある。スイスのプライベートバンクの役割は、まず資産保全。運用して儲けることよりも、減らないようにする。伝統的にそういう歴史があって、なにから守るかというと、戦争、インフレ、それから社会動乱、最後にリーマン・ショックのような経済恐慌。これらから資産を保全するというのが、スイスの銀行の役割である。そうやって**保全をメインにしながら、いいリターンを上げていく。それがスイスのプライベートバンクの基本的な姿勢**なのだ。

そのうえで堅めに運用するように依頼した、ということは、とにかく、しっかり安全にという念押しを、彼は、はじめて訪れたプライベートバンクでしたということである。

ところが、そのプライベートバンクで、多根が体験したのは、目論見とはまったく違う展開だった。

フタを開けてみると、信頼していたプライベートバンクはＩＴ企業に大きく投資していて、１年数か月で大損失を出してしまったのである。

時代は、ＩＴバブルだった。

１９９０年代末期から２０００年代初期にかけて、世界的に起こった、インターネット関連企業に対する過剰投資と、その崩壊――。インターネットを利用したベンチャー企業がアメリカを中心に勃興して、大学を卒業したばかりの技術者のプレゼンテーションですら多くの資金を集めることができた、という、ある意味、世のなかが踊り浮かれたお祭り騒ぎだった。

その直前、１９８０年代後半から１９９０年代初頭には、日本で「土地バブル」があった。１９８９年、日本の三菱地所がニューヨークのロックフェラーセンターを買収。東京の山手線の内側の土地価格をトータルするとアメリカ全土が買えるなどと言われたものである。

株価とか資産価値とか景気とか……経済という名のもとに、あたかも堅実な指標とされているものが、実は、その時代の流行とか人気とか欲望とかに左右されている、泡のようなものである、という歴史的な証明である。

分散投資がすべてではない

M「スイスの銀行家が、いきなりＩＴに投資した」

T「そうなんですよ。安全に運用してくれと。アメリカのイケイケドンドンの運用会社じゃなくて、スイスで老舗の銀行に、安心できる運用をしてくれってお願いしてるにもかかわらず、そういうＩＴ企業に投資をしちゃった。実際その後はＩＴバブルがはじけたので、ガンと元本が減ってるわけですよ。株で大損してるわけ。もちろん債券も買ってたんだけど、株式はほとんどＩＴに入ってた。

プライベートバンクって、投資の神さまみたいな存在だと思ってたわけですよ。歴史もあるし経験もあるだろうし、ずっとそればっかりやってるわけだから。でも、中身を見て、びっくりした。なにこれって。損するのはしょうがないとしても……向こうはね、分散投資っていうか、アセットアロケーションが

大事だって説明するわけですよ。逆にいうと、これがすべてみたいな言いかたをして、株と債券と、ちゃんとわけて入れましょうと」

アセットアロケーション――。投資の基本的な用語として、教科書によく出てくる言葉だ。アセットは資産、アロケーションは分配。つまり**アセットアロケーションとは「資産分配」とか「分散投資」を意味する。**いろんな資産に分散して投資をするという意味で「卵はひとつのカゴに盛るな」という格言とともに解説されることが多い。同じところに集中投資してはリスクが大きいので、複数の業種、いくつかの国の株や債券に分散して投資するという、投資の基本的な考えかたである。

ところが、そのときにスイスのプライベートバンカーが投資した中身を見てみると、債券や国や通貨の分散はしていたものの、株はＩＴ企業ばかりだった。かなりのリスクを取っていたのだ。

最初にお願いしたことと違うことをやられてしまった。しかも大損した。多根は思った。たいしたことないんだ、と。スイスのプライベートバンクは、ブラックボックスのなかにすごいノウハウがあって、ふつうではとても到達しえないものを持っていると思っていたが、たいしたことない。けっこういいかげんなのだと痛感した。

プライベートバンクの儲けというのは、預かり資産に対して、一定額の信託報酬を取ることにある。たとえば、1億預けて、0・5パーセントなら年間50万の信託報酬がかかる。ずっと1億のままだと年に50万のままだが、運用をうまくやって預かり資産が2億に増えると信託報酬は100万になる。**客の資産が増えれば増えるほど彼らの収入も増えるという仕組み**だ。

ところが、欲張りすぎたのか、当時、ITがイケイケの時代だったから、そこに集中投資してしまったのだろう、と、多根は想像している。

もしかすると、日本からやってきたメガネの三城の御曹司は、スイスの銀行家になめられたのかもしれない。

結局、多根は、そのプライベートバンクとの取り引きをやめた。

最初のスタートの段階で「スイスの老舗のプライベートバンクといえども、けっこういいかげんなことをやってくれちゃう」という教訓は、その後の多根にとって、大切で重要な哲学になっていく。それは、**ブランドやセオリーに頼って安心していてはいけない、という、投資の基本でもある。**

スイスの資産家たちとの交流

T「最初にそうやってつまずいて、ちょっと気落ちしているときに、たまたま、ある人を紹介してもらったんです。もともと日本の大手証券会社の人なんだけど、その後、外資系の金融機関でずっと働いていて……」

M「その人は、スイス在住の日本人？」

T「日本人だけど、英語はもう、機関銃みたいに話せる……。大学生のころからアメリカに住んでて、日本の大手証券会社のアメリカ採用だったそうです。変わった人間を採りたいということで、アメリカで採用活動をやった第1期生らしい。面接のときに、彼はスーツを持ってなかったので、同じアパートに住んでた友だちに借りたらしいんだけど、それがなんと真っ白な上下……。それもおもしろいんだけど、それを採用したほうもすごいなって」

その日本人との出会いが、その後の多根の投資に関する考えかたに大きな影響を与えることになる。

ひとつ年下のその人物は、水泳選手の北島康介《きたじまこうすけ》を思わせる、目つきの鋭い、エネルギッシュかつ野性的な男だった。相手が誰だろうが、英語や日本語でズバズバと本音で言いたいことを言う。感情の起伏も激しいけれど、根が純粋な好人物なので、人種を問わず友人が多い。白いスーツで面接に行ってしまうことからもわかるように、日本のサラリーマン的な思考回路は持っていない。一匹狼でヨーロッパの金融市場を股にかけているイメージ……。

本名を出してまずいわけではないが、ここでは、彼のことをキャラクター化して「ミスターK」と呼ぶことにする。

ちょうど、ミスターKが前の会社を辞めて独立したころ、多根は彼と知りあった。ミスターKにはまだ実績はなかったが、日本では知名度があり業績もいい三城をいろいろな銀行に紹介できることで、彼に信用ができた。多根としては最初のプライベートバンクでうまくいかず、どうしようと思案しているときに、いろいろな人物を紹介してもらえた。ふたりにとって、いい出会いだったのである。

ミスターKは、もともと、いろんなプライベートバンクからオーダーを受ける立場だった。日本の株のこれを買ってくれ売ってくれというようなオーダーである。そのために、実質的に誰が運用上手か、よく知っていた。多根のように銀行の顧客として接していても、表からしか見えない。けれど、ミスターKは裏側から見ている。どこにどういう人間がいて、どういうオーダーをして、誰がうまいかへたか、よくわかっていた。

出会ってすぐに、多根は、彼を通じて8行ほどのプライベートバンクを紹介される。この銀行のこの人物がいいというふうに紹介してくれたそうだ。

そして、8つの銀行のうちのどれにするかという話になったとき、父である裕詞氏から、全行にアカウントを開けろと指示された。小さい金額でいいから、全部の銀行に口座を開設しろ、と。**大切なのは、情報である。運用の基本は情報であり、さまざまないい情報源があるということが大切なのだ**と言われた。

多根は言われたとおり8行にアカウントを開く。そして、銀行の特徴以上に、そのなかに誰がいるか、たとえば為替のオプション取引が得意とか、中国市場に詳しいとか、ヨーロッパの株式の運用が上手、など、各行にはっきりとしたスペシャリストがいて、それぞれの得意分野があることを知った。

プライベートバンクというのは、巨大な銀行組織ではなく、少数のパートナーたちで運営されている。個々のバンカーもそれぞれ自分の考えで自己資金を運用している。それぞれの銀行に口座を開くことで、より詳しく、なかにいる人物とのつながりが生まれたのである。

資産家たちも、自分の子息をプライベートバンクで働かせて運用ノウハウの勉強をさせている。そういう人物たちとの交流も、多根には大きな財産になった。

また、**スイスの富裕層ファミリーのなかには、ファミリーオフィスと称して、いくつかの事業をやりながら家族の資産を運用している人物もいる。**彼らの情報というのは、世界各地の事業や、資産運用にともなう長年の情報ネットワークや人脈を通じて提供される。ミスターKは、そういう情報と人脈のなかにも、多根を導き入れてくれたのである。

多根は、そうやって、スイスで何人もの資産家と親しくなったが、彼らの多くは、いわゆる成金的お金持ちではなかったそうだ。意外に地味で質素だったらしい。恐らく、類は友を呼ぶというか、多根自身の性格や志向が、そういうタイプの資産家たちとの出会いを生んだのではないだろうか。

「ぼくは金持ちじゃないよ」と、多根は真顔で言うし、風貌や生活態度も「いかにも金持ち」という雰囲気ではない。が、いまや、世界有数のメガネチェーンを展開する三城ホールディングスの会長である。彼の出会ったスイスの資産家たちも、瀟洒《しょうしゃ》なアパルトマンに住み、大衆車を乗りまわしているけれども、実はアメリカに巨大ショッピングセンターを所有している、というような人たちだった。

そういう資産家たちが、どういうふうに自分たちの資産を守り育てているか。それを知り、そこから学んだことが、多根がスイスで得たもっとも大きな収穫だったのである。

ミスターKが「ミキオ・タネの一族が、どれほどすごい日本の資産家ファミリーであるか」という説明をしっかりとしてくれた成果でもあるだろう。ミスターKにとっては、互いの信頼関係を高めることがビジネスに直結するわけで、プライベートバンクやファミリーオフィスで働くスイスの資産家一族と、日本の多根一族の御曹司がつながっていくことは、彼のビジネスにとっても有効だったのである。

世界20か国をまわっての運用体験

T「実は、スイスに拠点を置くファンドというのは少ないんですよ。よその国にいっぱいあるわけ。それで、よくやったのは、ミスターKとツアーを組んで、ほかの投資仲間もいっしょに、いろんな国をまわったんです。20か国くらい行きました。ロシアも行ったし、南米も行ったし、東南アジアにも行った……で、そこのファンドを紹介してもらって、ファンドマネージャーに会って、話を聞いて、いいと思ったら投資をするっていうやりかたですよね」

M「世界を旅して、ファンドマネージャーに直接会って、人柄とか才能とか実力を見る、と。そのうえで、じゃあ、あなたにいくら託すからよろしくって話になるわけ？」

T「そう。Kがどこからその情報を得てるかというと、プライベートバンクにいる人たちや、ファミリーオフィスにいる人たちから情報を集めてくる。今度

ここに行くんだけど、いいファンドがあれば教えてくれってかき集めてきて、それをオーガナイズしてくれるわけ」

　ミスターKがアレンジしたのは、スイスのプライベートバンクやファミリーオフィスで働く資産家から得た情報。その情報をもとに、多根をはじめ、投資家仲間たちが世界中を旅して、実際に見聞して、投資をする。その情報もまた、スイスのプライベートバンカーたちにフィードバックされるのだろう。まさに、ヨーロッパの資産家たちが、どうやって自分たちのお金を運用しているのかという体験そのものなのである。

　スイスでは伝統的にどこかのファミリーのために運用をやっている人が多いのだが、世界に目を向けると、ファンドマネージャーというのは、金融機関から独立した人が圧倒的に多い。腕に自信がある人が、独立して、自分のファンドを立ち上げるというわけだ。

そういう人たちと接して、多根が実感した、**ファンドマネージャーのタイプ**というものがある。

もちろん能力があるというのは基本だ。みんな能力があるからやっているわけだが、タイプとして、**お金目的でファンドを立ち上げている人と、そもそも運用が大好きという人がいる**のだそうだ。両者はまったく違うものだと多根は言う。

お金が目的でファンドマネージャーになった人は、お金が集まってフトコロが豊かになっていくと、生活が変わってくる。まず時計が高級になり、おしゃれになり、高級車を乗りまわすようになる。

いいファンドマネージャーは、オタクである

T「でも、心底運用が好きな人って、そんなふうには変わらないんですよ。もう、運用だけやってるのが大好き。プレゼンはへたなんだけど、実際の運用先

の企業の話になってくると、急に熱心に話しだすくらいの人がいい。プレゼン上手な人って、頭がよくて売りこむのは上手だけど、運用がうまいかっていうと、またべつなんです」

M「プレゼン上手が、必ずしも運用上手ではない？」

T「ファンドマネージャーによって事情は違うんですけど、いいマネージャーに共通するのは、みんな、運用が心の底から好きなんですね。車とか異性に興味を持つより、そのことをやってるのが好きですね。企業訪問して、いろいろ調べたり、話を聞いたりとか。

ある程度の域に達する人というのは、才能も大事なんだけど、まず飽きない。才能があっても飽きる人っているよね、もういいやって。すぐにほかのことがやりたくなる。そうすると、ある程度まではいくんだけど、そこから突き抜けない。好きな人を見ていると、だんだん上手になっていく。運用も同じ。企業のことも、よくわかるようになるわけですよ。１年で見るのと、10年で見るのと、30年で見るのと、ぜんぜん違うわけですから。その変遷とかもよくわかってるし……」

M「ある意味、オタクなんだね」

T「そうなんですよ」

M「多根くんは、オタクに投資する」

T「そうなんですよ。おっしゃるとおりです。人間に投資するんです。ファンドを買ってるわけじゃないんですね」

実際に、ミスターKといっしょに世界をまわり、多くのファンドマネージャーと会ってきたからこその言葉だ。パソコンを睨《にら》み数字を追いながら投資をするのではなく、旅をして、人と会い、投資をする。

運用しているときが、いちばん幸せな人間。そういう人に投資することが、実は大切なのだ、と、多根はスイスに暮らし、ミスターKと世界中を旅して学んだのである。

また、最初の失敗で学んだ「大手だから、老舗だからといって信用して頼り

きってはいけない」ということも、大切な教訓だ。
そして、多根はこのスイス滞在中に、運用の成功体験を重ね、また、大きな失敗も経験することになる。

大成功のあとの人生最大の失敗

M「最初はプライベートバンクで失敗したにしろ、それからは、ミスターKが現れて、ツアーもやって、あとはトントン拍子にうまくいったわけ？」
T「もちろん、すごい成功したこともあるし、一方でね、またもや大きく失敗したケースもある」
M「ひゃあ、大変だぁ」
T「まず、うまくいったケース……これはベトナムのファンドだったんです。2003年くらいに、ベトナムが規制緩和した。当時、アメリカにはベトナム人がけっこういたんだけど、そういうところで金融の仕事をしていた人たちが、母国に戻ってファンドを立ち上げたり会社を起こしたりした時期があったんですよ。これはおもしろい、いっぺん行ってみようということで、行ったんです」

M「ベトナムにね？」

T「はい。で、やっぱり、海外にいればそれなりの高給をもらえてた優秀な人たちが、あえてリスクを取ってベトナムに戻って、自分で会社やファンドを立ち上げようという時期なので、とにかくおもしろい。ただ、すぐには儲からないけれど、これは5年10年持っとけば大丈夫だろうって投資をした」

当時のベトナムは、上場会社の時価総額を全部合わせても600億円くらいしかなかった。2003年時点で日本のトヨタ1社の時価総額が12兆円ほどだから、いかに小さな市場だったかがわかる。ということで、多根たちが投資したファンドは上場会社だけではなく、インターナショナルスクールやミルク工場、ビルやマンションなど、さまざまなものだった。

彼らが訪れると、現地のファンドマネージャーが案内しながら、こういうところに投資してます、それについては数字はこうです、などと細かく教えてくれた。投資をして、こんな勉強もさせてもらえるんだと多根は思った。自分たちが投資したお金が、ベトナムで、どういうふうに活かされているかを感じることもできた。投資したお金が活きているという実感である。

それだけでもうれしいのに、その後、非常に儲かった。日本でベトナムブームが起きたのだ。日本の証券会社がベトナムのファンドを売りまくった。マーケットが小さいところにお金がどんと入ることで、多根たちが投資したものも高騰した。これが大成功のエピソードである。

そして、失敗したパターン――。

２００６年ごろに、たまたまファミリーオフィスのひとつから、ある情報が入った。彼らはファンドを運営しているだけではなく、事業もやっている。アメリカにショッピングモールを持っていて、アメリカの不動産が大変なことになる、という情報だった。その後、実際、サブプライム住宅ローン危機に端を発して、多くの分野の資産価格の暴落が起こり、２００８年9月15日にリーマン・ブラザーズ・ホールディングスが経営破綻。いわゆる、リーマン・ショックが起きた。実にその2年も前に、危機を予感する情報がいち早く入ってきていたのである。

当然、多根は、逃げる算段をした。どう算段したかというと、市場の影響を受けないタイプのヘッジファンドに逃げたのだ。資産保全を最優先に、多根たちは資産のほとんどを、ヘッジファンドへとシフトした。

ヘッジファンドというのは、非常に複雑で高度な理論と分析でおこなわれる投資で、ハイリスクなものからローリスクのものまで、さまざまなタイプが存在する。素人が気安く手がけられるものではなく、スイスのプライベートバンクでもヘッジファンドが販売されはじめたのは21世紀に入ってからだ。実に特殊な領域だったのだが、多根の知りあいの資産家が、ヘッジファンドのなかでもとくに優秀なものだけを集めて、自分たちの資産の運用リスクを減らす手立てを考えた。リーマン・ショックを予測したうえで、自分たちの資産を逃がしたのである。

「ぜったい大丈夫」がいちばん危ない

M「うまいこと、逃げたと？」

T「逃げたと。うん。ところがですね、やっぱり世のなかって……そのとき、いまでも覚えてるのは……ほんとにいいヘッジファンドばっかり集めたファンド・オブ・ファンズにお金を入れたときに、やってる人がね、ひとこと、『これで大丈夫だ』って言ったんですよ。その言葉が、ずっと、ぼくは気になってた。そういうとき、ぼくは、大丈夫かなって逆に思うんですよ。

人間ってそんなもんでしょ。ぜったい大丈夫、って思ったときがいちばん危ない、みたいなね。

その悪い予感が当たって……。なにが起こったかというと、２００８年9月にリーマン・ショックが起こった。リーマン・ショックそのものは回避できたんだけど、そのあとなにが起こったかというと……」

当時、非常に有名なヘッジファンドがあった。グラフで見ると、常識はずれなほど、まっすぐに、ずっと上がり続けているファンドである。世界でも、知る人ぞ知る、プロたちもこれはすごいと絶対的に評価しているファンド。『バーナード・ローレンス・マドフという人物がやっていた『バーナード・マドフ証券投資会社』である。マドフはユダヤ人で、投資しているのもユダヤ人。世界の著名大学や、金融のプロたちがここに投資をしていた。

ところが、実は、バーナード・マドフは、30年にもわたって人々をだまし続けていたのである。サブプライム住宅ローン危機を受けた株価の下落を受け、複数の投資家から計約70億ドルの償還（払い戻し）を求められたことをきっかけに、マドフの巨大な詐欺が発覚した。

２００８年12月11日、マドフは詐欺の罪でＦＢＩに逮捕された。


ユダヤ人がユダヤ人をだますことはないだろうと、みんなが思っていた。しかし、あっさりと「みんなが思っていた」ことは裏切られたのである。

そして、大パニックになった。リーマン・ショックも問題だったが、結局のところ、多根にとってもっと大きかったのは、このマドフの事件だった。リーマン・ショックが引き金になって、マドフのウソが発覚した。それで、ヘッジファンドなるものは信用できないとみんながパニックになり、世界中のヘッジファンドが、売りの一辺倒になった。

多根たちとしては、リーマン・ショックによる相場暴落は回避できたものの、その後に、ヘッジファンドの解約が怒濤《どとう》のように入ったのである。

逃げたつもりだった。

逃げるということは、少しばかりの資産の移動では意味がない。減らすまいと思って、とびきり優秀なヘッジファンドに多くの資金を移していた。もちろん、当時希少だったマドフのファンドも少しだが購入していた。その結果は、少なくとも数億円の損失となった。

多根幹雄、人生最大の、投資の失敗である。

「これで大丈夫という言葉が、ずっと気になっていた」と、多根は言う。ぜったい大丈夫というときほど、逆に、怖いと思う。みんながいいと言うときほど、気になるようになった。

マーケットは、信用で成り立っている。それが信じられないとなると、ウワサがウワサを呼んで、悪いほうへの逆回転が起こる。

多根は、そうやって失敗を心に刻みつけた。

実は、リーマン・ショックの直前に、多根は日本に帰ってきていた。金融をやろうと思っていたわけではない。日本の状況が心配になっていたのだ。絶好調だった三城の業績にも翳《かげ》りが出ていた。帰国してからリーマン・ショックが起こり、マドフが逮捕される。

濃厚で暗い空気が、世界経済にも、そして日本にも、多根の周辺にも漂いはじめていた。

第3章

投資のセオリーが通用しない時代へ

「分散投資ってインデックス・ファンドやETFの4分割ってやつだよね。日本株式、日本債券、海外株式、海外債券に分散してインデックス・ファンドを買っておこうという……これって、運用の基本的なセオリーなんでしょ?」

「そういうものが通用しない時代になっているわけです。

理由を説明しますけど……

まずね、経済というか金融の世界で、いろんな指標があるわけですよ。

そのなかでいちばん大事な指標はなにかというと……」

運用は、ますますむずかしくなる

スイスから帰国して数年後、クローバー・アセットマネジメントという会社を紹介され、結局、多根は、みずから社長として、直販型投資信託を手がけることになる。そもそもはスイスで学んだことを活かしたいという思いからはじめたものの、やがて、国内の運用の現状を体感すればするほど、日本の金融機関の販売方法に対する強い憤りを感じはじめる。顧客にファンドを販売することを「嵌《は》める」と称する証券大手。手数料収入を稼ぐために回転売買が主流になる販売方法。「あなた、そのファンド、買ってるの?」とミスターKはファンドマネージャーたちにつねに聞いていた。

日本の金融機関の営業マンたちは、その問いになんと答えるのだろうか。

日本で新しいファンドを立ち上げる

M「スイスから帰国して、すぐにファンドの会社をやったわけじゃないんでしょ？」

T「そうだね。いまのかたちになっていった経緯は、２０１３年の１月12日に、さわかみ投信の会長、澤上篤人《さわかみあつと》さんに会ってからですね」

M「帰国して５年後だね。その間は、なにをしてたの」

T「正直言うと、悶々《もんもん》としてました。三城の軌道修正をしたいと思って帰ってきたんだけど、正直なところ、なにもさせてもらえなかった。いま思うと、自分に実力もなかったしね。なにもできない日々……会社はどんどん悪くなる」

M「なるほどねぇ。知ったようなことを言うと、御曹司のジレンマってやつかな……」

T「とにかく……澤上さんと再会して、転機が訪れたんですね。澤上さんは、日本ではじめて、直販と呼ばれる投資信託の会社をはじめた人です。ふつうの投資信託っていうのは、銀行とか証券会社……おもに証券会社で売られているわけですよ。澤上さんは、そういう金融機関を通さずに、直接、自分たちで売る、しかも、売買手数料を取らない投資信託をはじめたんですね」

澤上篤人さんは、日本の長期投資家である。1999年に、日本初の独立系投資信託会社『さわかみ投信株式会社』を設立。『さわかみファンド』のみの運用で、純資産は3181億円（2018年8月3日現在）、顧客数は11万人を超える。当時、日本における長期運用のパイオニアとして多くの支持を集めていた。

投資信託には、ふつう、販売手数料と信託報酬がかかる。販売手数料というのは、売ったり買ったりするたびにかかる手数料。これまでは、証券会社などでファンドを購入した場合、販売手数料として３パーセントほどを取られていた。１００万円投資すると手数料として３パーセントの３万円が取られるので、97万円からのスタートとなる。販売手数料を取ると業者は儲かるが、客は損をする。

信託報酬というのは、管理手数料とも呼ばれ、投資信託を保有している間かかる手数料である。信託報酬が１パーセントだと、運用資産の１パーセントが手数料としてかかる。１００万円の投資をすると、１００万円そのままの運用となり、後日、１パーセントの信託報酬を取られる。業者がもっと儲けようとすると、客の資産を増やす必要がある。逆に、資産を１００万から50万に減らしてしまうと、信託報酬も半分になってしまう。毎年増やすことができれば、客もハッピーだし、運用している会社も儲かるのである。

証券会社は、これまで、売り買いさせることによる販売手数料で儲けていた。

しかも、ファンドのなかにいろいろな株が入っていると、それらの株を売買するときにも、証券会社に手数料が入る。運用管理会社というのは証券会社の子会社である場合も多く、ファンドの売買で儲け、その株式の売り買いでも儲けることができる。そんな仕組みはおかしいだろうということで、売買手数料を取らないやりかたを日本で最初に導入したのが、澤上さんなのである。

実は、多根幹雄の父親の裕詞氏と、澤上さんは以前から親交があった。１９９７年ごろ、澤上さんがさわかみ投信をつくる少し前からつきあいがはじまり、さかわみ投信ができるときの資金的なサポートもした。それ以降、澤上さんと多根家で、いつかファンドをつくろうという話をしていたのである。

そして、２０１３年1月11日に、多根親子と澤上さんが久しぶりに会う。そのときに、クローバーという会社の話になった。クローバーは、もともと澤上さんが各地のご当地ファンドを構想して、大阪や鳥取など、全国で３つ誕生したファンドが合併して２０１０年にできた会社である。だが、お金もうまく集まらず、経営は順調ではなかったため、澤上さんがずっと資金支援を続けていた。

さわかみファンドが、ファンドとして運用するのは上場株である。クローバーのファンドは、さわかみファンドと違い、**複数のファンドに投資する「ファンド・オブ・ファンズ」と呼ばれる形式**である。

そういう違いはあるが、基本的には同じ構造で、信託報酬だけをベースに経営していた。クローバー・アセットマネジメントという会社を利用して、多根家独自のファンドをつくったらどうだろうという提案が、まず澤上さんからあった。

そのときの日本の状況は、２０１２年12月に、安倍晋三が首相になり、アベノミクスがはじまるという時期だった。

それまでの日本経済は、デフレで円高。デフレということは、キャッシュの価値が上がる。ちなみに、インフレは逆に、お金の価値が下がる。デフレならば、銀行にキャッシュを置いておくのはかまわない。しかも円高なので、ほかの通貨より円のほうがいい。世界的に見て、日本の円を預貯金で置いていても、まったく問題はなかった。

ところが、安倍首相になって、アベノミクスのもと、大規模な金融緩和がスタート。インフレかつ円安に向かうという状況になり、これからは、円をそのまま銀行に預けるのではなく、しっかりと運用しないと預貯金が目減りしてしまう、というふうに多根は意識していた。

帰国してからの多根は、少しばかり自分の居場所を見失いかけていたが、ふと、このクローバーの話に興味を持った。

多根がスイスでやっていたことは、いろいろなファンドをまわり、いいと思ったら投資するということだ。結果的に、それはファンド・オブ・ファンズの運営そのものなのである。そういうノウハウを、日本の一般の人にも活かせるのではないかという気がした。クローバーという会社を通じて、スイスで学んだことを活かしてみたい、と、多根は強く思った。

３か月後の２０１３年4月15日に、多根の企画で新しいファンドを設定。子どものようにお客さまに危害を加えることなく、純粋な気持ちでありたいということ、長期にわたってスクスク育つという意味もこめて『コドモファンド』と名づけた。そして、8月には、多根幹雄が社長となり、新しいクローバー・アセットマネジメントがスタートする。それまでクローバーには、ご当地ファンド構想から生まれた3つのファンドがあったのだが、市場環境にあわせて、株式だけでなく、債券や不動産、それに金《きん》など、あらゆる資産のファンドを組み入れることができるコドモファンドは、現在、クローバー・アセットマネジメントの主力ファンドになっている。

「あなたは、そのファンド買ってるの？」

M「さて、クローバー・アセットマネジメントの社長になって、スイスのやりかたを踏襲した、と」

T「スイスのやりかたを踏襲っていっても、当初のコドモファンドって、日本で一般の人でも買えるファンドが多く入ってたわけです。偉そうに言ってるわりにたいしたことないじゃないかって、よく言われたんだけど……スイスでやってきたように、ちゃんとファンドマネージャーに会って自分で評価して、いいと思ったファンドを入れるっていうやりかたを実践してきました。いままでは、日本でわれわれしか投資していないファンドもずいぶん増えて4つになりましたけどね」

M「実際、ファンドマネージャーと会って、おしゃれには興味がなさそうな職人気質でオタクで……そういう人は運用成績はいいわけだよね」

T「そうですね」

M「スイスで、それを多根くんは身をもって体験した、と。でも、ふつう、ぼくたちが証券会社でファンドを買って、ファンドマネージャーがどんな人なのか、わかるものなの？」

T「わからないね。どんな人かもわからないし、名前すら出てない。当然、ファンドマネージャーがべつの人に変わっても、わからない」

ファンドマネージャーが誰で、どんな人物かわからない。大きな会社組織になれば、組織なりの理屈があるのだろう。個人名ではなく、組織の名前で売りたいのだ。

けれど、と、多根は言う。

スイスで出会ったミスターＫと世界中をまわって投資していたとき、ファンドマネージャーに必ず聞くことがあった。

「あなたのお金、どれくらいそのファンドに入れてるの？」

もっと厳密に言うと、自分の運用資産の何パーセントを自分のファンドに入れているのか、と。

そうやって質問してみると、たいてい彼らは、かなりのウエイトを入れているると答えた。自分たちも同じリスクを取ってやっていることの証左というより、**自分がいいと思っている投資なのだから、自分のお金を運用するのは、むしろ当たり前という感覚**なのである。

自分を信じるか信じないかの話になるわけだから、運用資産の90パーセントから100パーセント近くという答えが基本なのだ。儲けたいなら自分で運用するのがいちばんいいと思っているからこそ、儲かってくれれば、どんどん自分のお金を自分のファンドに入れていっしょに運用するという理屈だ。

自分で会社をやっているか、もしくは、どこかの会社に所属しているかはべつにして、海外の場合、ファンドマネージャーと会ってきちんと話ができる。

もっと言うと、会わないで買うことが、あまりない。

なぜなら、判断できないからだ。

しかし、**日本では、ファンドマネージャーがどんな人間で、どういう判断基準なのかわからない。**だから、ふつうの人がどうやってファンドを買ったり売ったりしているのか不思議だと、多根は真顔で言うのである。

多根は、スイスから帰国して、クローバー・アセットマネジメントの社長になった。当然、つねに新しいファンドを見つけようとした。そのため、**金融機関の人間に会うたびに、必ず「あなた、自分のお金をどう運用してるの？」と聞いた。**三城の仕事関係でも、いろいろな金融機関の担当者に会うので、そのたびに「あなたたちは、どうやって運用してるんですか」と質問した。悪気があったわけではない。いいファンドがないか、素朴に知りたかったのである。

ところが、**ほぼ全員が「自社の商品は買っていません」と答えた。**これは少しひどすぎるのではないか、と、多根は思いはじめた。誰ひとりとして「うちのファンドマネージャーを知ってて、買ってますよ」という金融マンがいない。そもそも顔つきが違うのである。多根がスイス時代に会ってきた金融機関の人間たちと、日本の大手証券会社にいる人たちとは、まったくタイプが違って見えた。営業の顔なのだ、ということに、少しずつ気づいていったのである。

株を買う場合、たとえば、レストランを運営している企業なら、実際に店を訪れれば、いいか悪いかわかる。いま株価は安いけれども、実際に店に行ってみて、お客さんは入っているし、また来たいと思うなら、これは買いだというように判断できる。

しかし、ファンドの場合、世のなかに出ているものはなにもない。

だから、**ファンドマネージャーに会って、その人物の投資に対する考えかたや実績、ときには性格や家庭環境までも知る必要がある**のだ。もっと言えば、ファンドマネージャー個人ではなく、アナリストたちとチームで運用している場合、そのチームの人間関係がうまくいっているかどうかも成績に影響する。

逆に、チームがうまくいきすぎていて、べったりしすぎるのもよくない。ある程度の緊張感を持ちながら、非常にモチベーション高くやっているかどうかも観察する必要がある。

そういうことは投資のプロでないとわからない、ということではない。誰でも持っている感覚なのだ。たとえば、**お店に入った瞬間、いい店かどうかというのは、空気でわかる。**それは、そういうところに意識を置くか置かないかだけの問題だ。

しかし、日本におけるファンドの場合、出された資料や数字からしか判断しない。もしくは、判断させてもらえない。ほんとうに大切にするべきこととは違うところに意識を持っていってしまう。自分で感じることをしない。もしくは、自分で感じることをさせてもらえない。

売れているファンドが、いいファンドなのか？

M「いま、ファンドを買おうとしている人に、多根くんがアドバイスするとしたら、どんなことだろう」

T「証券会社に行きました、銀行に行きました、そして、これいいですよって勧められたら『じゃ、これ、あなた買ってるの？』って質問してほしいわけですよ。するとね、まず、ほとんどの担当者が『いや、私、お金ないですから』って言うと思う。そんなね、1万円から買えるってファンドをね、日本の金融機関の、高給もらってる人間が買えないわけがない」

M「たとえば、近所にうまいお寿司屋さんがあるとするよね。オヤジがひとりでやってて、きょうはこんなにいい魚が入ったから握りましょうか、みたいな。そういうお寿司屋さん……それは多根くんの理想とするファンドに近いと思うんだけど……そうじゃなくて、近所のスーパーの寿司もあるよね。大手金融機関が販売しているファンドは、どっちかというとスーパーのお寿司に近いでしょ。もちろん、品質は会社として保証してますから大丈夫ですよっていうことになりがち……そういうたとえはまったく違う？」

T「寿司はね、食べたら味がわかるけど。ファンドはわかんないでしょう？」

M「食べられないい？　なるほど、中身が見えないってことね」

T「そういう大手のファンドって、リスクを取らないわけですよ。無難なものしか入れないわけね。最近よく言われるのは、インデックス投資……わかります？　投資信託の運用方法には、アクティブとパッシブっていうのがあって、アクティブというのはファンドマネージャーが株を選んで、いいのを選《え》りすぐってやるやつ……これはフィーが高いわけですよ、当然ね。調査もしてるし」

インデックス・ファンドというのは、アクティブとは逆のパッシブと呼ばれる運用手法である。日経平均株価や東証株価指数などの指標に連動させて、まとめて買うファンドである。調査もしない。相場と連動して、相場と同じように動く。かんたんなので、手数料が安い。**いまは、アクティブよりインデックスのほうがいいと言われることが多い。**

ほとんどの「投資入門参考書」には、アクティブはダメで、パッシブで運用すべしというふうに書かれている。**統計的に、アクティブがパッシブより運用パフォーマンスを上げたことがないというのが、その根拠**である。

多根は、その意見には、否定的だ。**アクティブとパッシブを数字で評価しているように見えて、実は、そういう数字しか出てこない理由がある**のだ、と言う。日本のアクティブファンドは、テーマ別という設定が多い。自然エネルギーとか、たとえば、これから水が不足するから水関連、あるいはＡＩが出てくればＡＩファンドなど、わかりやすいテーマを決めて設定するファンドがほとんどなのである。

アクティブのなかでも、テーマ別と呼ばれるものだが、なぜそういうアクティブファンドが多いかというと、売りやすいからなのである。売り買いしやすい。**売りやすいファンドとは、それまでのパフォーマンスが、いいものだ。**客に「これをご覧ください、こんなに伸びてます」と言えるもの。「早く買わないと損ですよ」というふうに説得しやすいもの。**そして、売りやすいものというのは、客のほうでも理解しやすいのである。**

営業の方法としては、まず、客に聞く。

「松尾さん、よく勉強してらっしゃいますね。最近、どういうあたりに注目されてます？」という感じで。そうすると、言われたほうも「最近バイオ関連がいいと思うんだよなぁ」などと答える。

「そうですね、さすがですね、実は、ちょうど松尾さんにぴったりのファンドがありましてね、こんなにいいパフォーマンスなんですよ」

そう言われると、そうか、じゃあ、それ買っといて、となる。つまり、客が選んだということにして売れるのである。

結局のところ、すでに結果が出ているものしか売れないのだが、だいたいそういう商品は、そのときがピークである。

運用は、安く買って、高く売る。これが基本である。だから、ほんとうは、ボトムのときに買わなくてはいけない。しかし、ボトムのときには売れないし、営業マンも、ボトムにあるやつは勧めない。売りやすいやつしか勧めない。だから、みんな、失敗する。

そういうふうに**売りやすく買いやすいアクティブファンドのパフォーマンスが、いいわけがない。**客の注目を引きそうなテーマ別設定の商品は、「売れそう」だから販売されるわけで、「いいパフォーマンスを上げそう」だから売られるわけではない。それを統計的に分析したところで、なんの意味もない。

パッシブがいいということは、結局「相場に張れ」ということなのだ。しかし、日経平均だけ見ても、いまだにバブル期のピークを超えてはいない。3万8千円を超えていたのが、いま、2万数千円。3分の2である。そういうものに賭ければ安心なんて、そんな話を信用できるわけがない、というのが、多根の言いぶんである。

ファンド数が多い金融機関には要注意

T「日本の金融機関は、基本的に営業主体だと思う。スイスの銀行でもときどきあるんだけど、この商品をいくら売れというふうに、会社が営業担当者に命令する。そもそも論として、金融機関は、自分たちが儲けるためにやってるわけで、だから、お客さんに売りやすいファンドしかつくらない」

M「いいファンドかどうかより、売れるかどうかが大切ってこと？」

T「ファンドマネージャーについての情報もないしね。営業担当者に、あなたご自身の資産運用はどうしてるんですかって聞いても、まともに答えられる人がほとんどいない。知らない。勉強してない。関心がないから。彼らは、どれだけお客さんに売って、どれだけ自分の成績を上げるかってことしか考えてないと思う」

金融機関は、大量に売れるものを売っている。いいものだから売っているのではない。買いたくなるものを売るのである。

パフォーマンスの悪いグラフを見せて「下がってますけど、これはいいファンドです」と言っても誰も信用しない。「こんなに伸びてますよ」と誘うから、そうだ、早く買わないと損するかもしれない、と、客は思う。

だが、それは、いまがピークかもしれない。上がりきったグラフは、だいたいの場合、そこから下がっていくのだ。

また、彼らは、大量に売ることを考えるので、かんたんに売れるものを商品化する。いま、みんなが関心あること、たとえば、インドが人気ならインド、ときには自然エネルギー、天然資源、ＡＩ関連……。そのときのブームをうまく商品化して売る。すると、またグラフは上がって、ますますブームになる。そういう商品をパッケージにするのである。

つぎつぎに商品を売らないと稼げないので、これが終わったらつぎ、ということで、どんどんつぎの商品を売ろうとする。基本的に、お金はフルに入れさせる。こっちを動かして、あちらを買わせる。回転売買と呼ばれている手法だ。それをどんどんさせる。客が売っても買っても、売買手数料が入る。長く持ってもらうことは想定しない。どんどん売買してもらわないといけないのだ。だから、特化する。その時代の人気のある内容にして特徴を謳《うた》う。魅力的に見せて、どんどん買い替えさせる。

その結果が、６０００を超える日本のファンドの数になっている。**１社あたりのファンドの数が異常に多いのは、そういう販売手法のせい**なのだ。だから、あつかうファンド数が多い金融機関は要注意だ。

もともと証券会社は株式の売買、取引が主な業務だった。株は上がったり下がったり、ギャンブル的な要素がある。そういうのが好きな人が集まっていた。証券会社としては、みんながずっと株を持っているより、高回転で売ったり買ったりしてくれるほうが儲かったのである。そのための情報は提供する。「あのね、いい話があるんですよ、これはいけそうですよ」とか。情報を提供しながら、じゃあ前に買ったやつを売って、こっちに買い換えよう、と、客に思わせた。

ところがネット証券が出てきて、手数料が下がってしまった。そうすると、証券会社が株では儲からなくなった。いままで電話ひとつで手数料として数万円は儲かっていたのが、ネットでやれば何百円の世界。当然、みんなネットに流れる。頻繁に売買したい人ほど安いほうに行くのは当然のことだ。

証券会社としては、株では儲からなくなってきたので、ファンドで儲けようとなってきたのだ。

銀行にしても、昔は、定期預金で数パーセントの金利があった。しかし、金利がどんどん下がって、たとえば、退職して、退職金が数千万円入ってきても、ゼロ金利。「もっといいのないですか」と、みんなが聞いてくる。「それだったらこういう商品がありますよ」と、銀行としても勧める商品がほしい。

もともとの銀行業務というのは、広く預金を集めて、それを企業に貸して利ざやで儲けることだった。しかし、いまは低金利になったので、貸し付けをしたがらない。銀行が貸したい大企業は、キャッシュがたくさんあるので、お金がいらないという。銀行が貸したくない企業は、お金がなくて困っているけれど、リスクを取りたくないので、結局、貸さない。国債も、いまは日銀が大量に買ってしまって、買えなくなった。持っていくところがなくなった。そこで、預金を持っている顧客に金融商品を売って儲けるほうがいいとなった。

大手証券会社にしろ、銀行にしろ、これまでのビジネスモデルがうまくいかなくなったから考え出した金融商品ということである。儲けるために考え出された商品なのだ。旬の材料を揃え、つぎつぎに新しい商品をつくっては、売る。そして、また新しい商品を出す。これを繰り返して、手数料で稼ぐ。営業主体にならざるを得ない。

自分たちの商品を買っていない営業マンなんて

T「たとえば、メガネ屋さんをやってる人で『メガネなんて、かけないほうがいい』と思っている人は、誰もいませんよ。パリミキに行って『あなた、メガネはどこで買った？』って聞いたら、ほかのメガネ屋さんで買ってますって社員もいないと思うんです。三城のスタッフがほかのメガネ屋さんで買ってたら、お客さんはこんなところで買えないなって思うじゃない、ふつう」

M「そりゃトヨタのディーラーが『日産に乗ってます』は、ないもんね」

T「でも、金融機関は、それですよ。一部の良心的な金融機関はあるけど、ほとんどは、お客さんに勧めるものを自分たちで買ってません。彼らがお客さんに勧めるのは、自分たちの会社がいちばん儲かるやつだから。いちばんいいやつじゃないですよ。儲かるやつを勧めるっていうことは、自分がいちばん買いたくないものを勧めてるってこと。いまだったら、さかんに宣伝しているラップ口座とかね」

多根は、スイスで見てきたファンドのありようと、日本の投資信託の違いについて嘆きつつ、ときにはきびしい言葉で説明する。

実際、証券に詳しい人物に話を聞いてみると、**20年くらい前まで、大手証券会社で投資信託を売るということを、社内用語で「嵌める」と言った**そうだ。

証券会社は、証券取引のビジネスをやって、さまざまな株を抱える。当たりそうで有望な株は得意客とか上客の企業に卸して、手もとに残ったゴミというかクズのような株ばかりを、投資信託という箱をつくって、そこに押しこむ。これを、なにも知らないお客さんに、売るのではなく、嵌める。

だからいま、一般的なイメージとして、証券会社というとなにか悪いことをしているという記憶とか感覚があるのは、そういうことをずっと繰り返してきたからなのだ。

日本の場合は、証券会社があって、証券会社の子会社として、投資信託の運用会社ができた。販売会社が親会社なので、運用ではなく、売るほうが本業になってしまっている。しかも、大手証券会社の営業マンは、支店長クラスで年収2000万円という高い報酬をもらっている。その報酬や雇用を維持するために多額な儲けがどうしても必要なのだ。

世界的に、運用は、むずかしくなる

T「じゃ、そういうところに頼らずにやろうと思ったときに、いろいろ本を読むと、ファンドの分散投資について書いてあります。そろそろ、これがダメだっていうのを説明しないといけないんですけど……」

M「そうなの？　本に書いてあることが、ダメって……」

T「これから運用がむずかしい時代になるんです。非常に大変なんですよ。いわゆる運用のプロといわれている銀行や証券会社はアテにならない。じゃあ自分でやろうと思ったら、いままでよりも運用がむずかしい時代が来てる、と」

M「分散投資ってインデックス・ファンドやETFの４分割ってやつだよね。日本株式、日本債券、海外株式、海外債券に分散してインデックス・ファンドを買っておこうという……これって、運用の基本的なセオリーなんでしょ？」

T「そういうものが通用しない時代になっているわけです。理由を説明しますけど……まずね、経済というか金融の世界で、いろんな指標があるわけですよ。そのなかでいちばん大事な指標はなにかというと、これ（１１７ページ）なんですよ。アメリカの長期金利なんです」

金融の世界における「アメリカ10年債金利」というのは、人間の身体でいうと、体温や血圧のようなものである。健康管理のときに取るデータの基本中の基本だ。

実は、アメリカのＦＲＢ（連邦準備制度理事会）は、国債の短期金利は決めることができるが、長期金利は決めることができない。ある程度はコントロールできたとしても、決められるのは短期金利のみ。長期金利というのは市場で決まるのである。これによって、世のなかの経済、とくにさまざまな金利が大きく変わるわけだが、グラフを見るとわかるように、１９８１年に15パーセントを超えていたが、それ以降、上がったり下がったりはしているけれども、ト

アメリカ10年債金利の推移

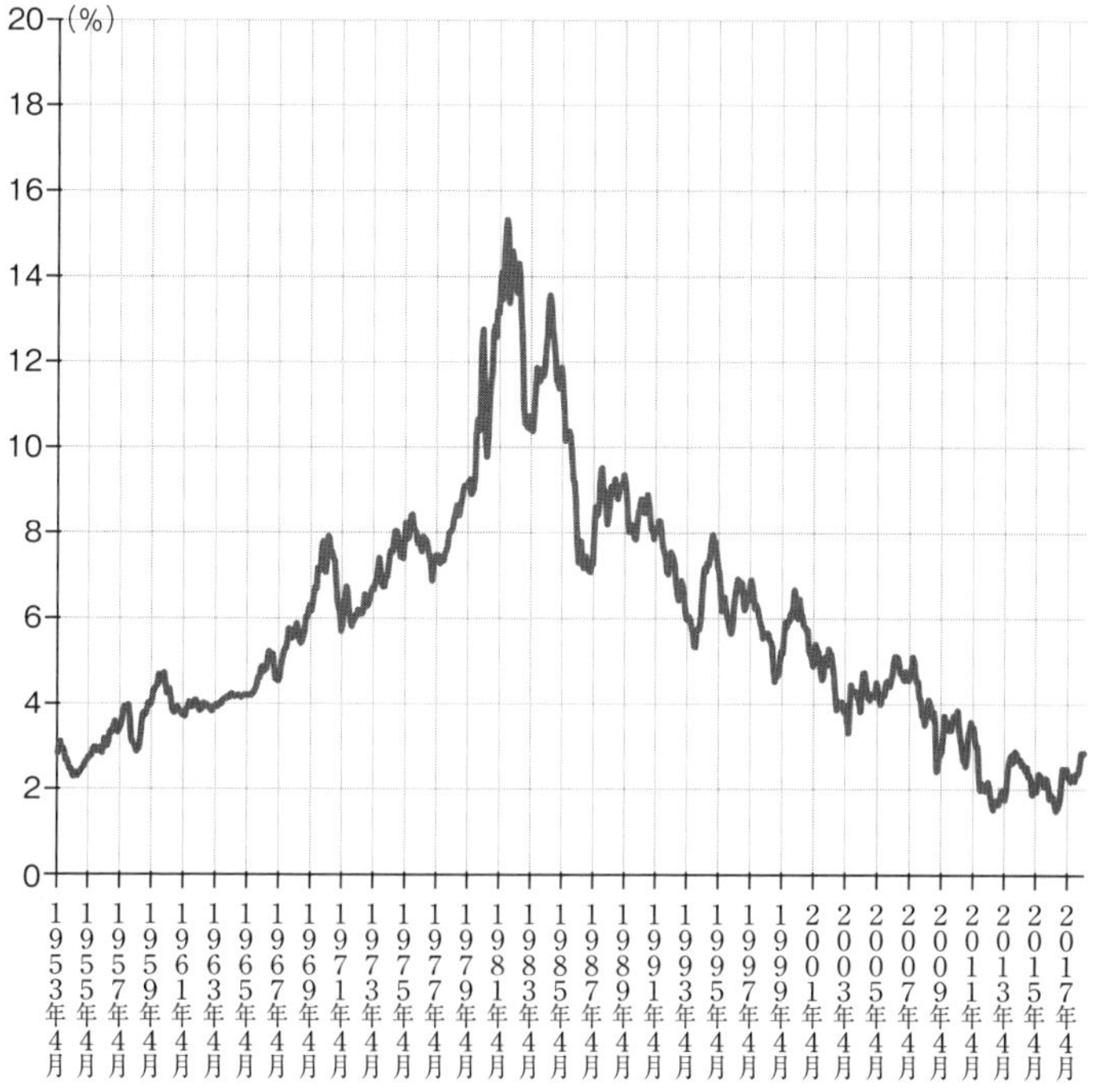

●2018年9月調べ

レンドで見るとずっと下がってきている。**年数で言うと36年間、ずっと一方通行の下り坂である。**

そして、これが、**そろそろ反転するのではないかと考えられる。**理由はいくつかある。ゼロ金利の水準に近づいたということもあるが、もうひとつ大きな理由があるのだ。

1960年くらいに先進国で年金制度がつくられて、みんながどんどん積み立てて、貯まる一方だった。ところが、世界中のベビーブーマー……**日本でいうと団塊の世代がリタイアしはじめた。いままで積み立てる側だった人たちが、今度はもらう側になった。**せっせと年金の資金が積み上がって金融市場に入っていたのが、今度は出ていくほうが多くなる。そういう現象が、数年前から、世界的にはじまっているのだ。

年金の運用先でいちばん大きなウエイトを占めているのが、債券である。金利がついているので、確実にリターンが取れる。金利が下がっていたということもあり、いままでどんどん買われる一方だった。だが、それが今度は、売られる時代になってきた。債券はどんどん売られると、買い手が少なくなるので金利が上がってくる。１９８１年からずっと続いていた下り坂が、そろそろ反転する。

たとえば、金利10パーセントのアメリカ国債を買っていたとして、金利が５パーセントに下がると債券の価値は上がる。全体的に金利が下がり続けているときには、債券を持っていれば、そういうふうに価値がどんどん上がっていた。しかも、金利が下がれば株式にとってもプラスになるので、株も上がるし、債券も上がりやすい環境となる。

だから、４分割しておけばよかったのだ。日本の株式市場以外は全部上がっていたのだから。日本も債券は金利が下がり続けていたから、債券を持っていれば潤っていた。だから、インデックスの4分割投資をしておけばよかったというのは、ウソではなかった。

三十数年、そういう状態が続いてきた。だからこそ、**投資の教科書に「4分割」が定説のように載っていた。**ベビーブーマーたちも若く、ずっと積立を続けてきた。だが、そろそろ、みんな年をとってきたために、お金に換えようとする。国債を売る人が増えてくる。

高いときにさんざん買っていた人たちは、置いておくと価値が下がっていくので、早く売らなくてはいけない。金利が上がりはじめると、長期債券ほど持っているとリスクなので、早く売ろうとして、よけいに債券売りに走る。そうやって、金利が急激に上がる時代になってくるかもしれない。

金利がどんどん上がっていくと、企業にとっては、借り入れ時のコストが増えるので、けっしてプラスではない。とくに債券は影響を受けやすい。そういう時代が来ている。

自分で勉強しても、いままでと局面がまったく違う。しかし、お前らでやれと言われている。プロでも運用がむずかしい時代に、いったい、どうすればいいのか。

金融機関の、考えかたとかやりかたが悪いだけではなく、さらに運用もむずかしくなる。

いまがそういう状況だということを、知る必要がある。

第4章

「あいのり投資」という結論

「そもそも、運用っていうのは、方法としては3通りあるよね」

「3通り……」

「自分で運用する、人にまかせる、そのふたつをセットにする」

「自分で運用っていうのは、具体的に株を買うってことかな？」

「買ったり売ったりするってことですよね」

「それをやるのがひとつ。ふたつめは……」

「人にまかせる」

「それは投資？　証券会社でパッケージ商品を買うとか」

「証券会社はともかくとして、いいファンドを買うってことだね。3つめは、その組み合わせ、ということになると思うんですよ」

「あいのり投資」という結論

資産運用には「自分で運用する」「誰かにまかせる」「その両方」という3通りの方法があり、それぞれにおける注意点と考えかたの基本がある。「誰かにまかせる」場合には、優秀なファンドを吟味する8つの条件がある。その8つの条件をすべて満たすファンドマネージャーは、現在、多根によると「ほとんどいない」。それくらい、実は、資産運用はむずかしく、きびしいのが現状だ。くれぐれも、証券大手の販売する「売りやすいファンド」に惑わされないように。

自分で運用するときの3つの注意点

T「そもそも、運用っていうのは、方法としては３通りあるよね」

M「３通り……」

T「自分で運用する、人にまかせる、そのふたつをセットにする」

M「自分で運用っていうのは、具体的に株を買うってことかな？」

T「買ったり売ったりするってことですよね」

M「それをやるのがひとつ。ふたつめは……」

T「人にまかせる」

M「それは投資？ 証券会社でパッケージ商品を買うとか」

T「証券会社はともかくとして、いいファンドを買うってことだね。３つめは、その組み合わせ、ということになると思うんですよ」

M「なるほど」

運用する。

というわけで、3通りの運用方法について解説していこう。まずは、自分で運用する。

自分で運用するときに、**3つの大切な注意点**があると多根は言う。

まず、**なくしても動揺しない金額が、投資の基本。**

たとえば、「10万円なくしたら眠れない」と思っている人が、最初から欲張って100万円投資して、20万円失敗すると、当然ながら、そのことばかりを後悔することになる。そもそも運用の目的は「お金から自由になる」ことのはずだ。後悔するのが、いちばん馬鹿みたいな話である。それを避けるために、なくしてもいい金額からはじめる。これが第一条件。

そのうちに慣れてきて、10万円が20万円でも大丈夫になり、50万円で大丈夫なら、もっと増やしてもいい。とにかく、基本は、精神の安定が保たれる範囲の金額でおさえる。

精神の安定というのが、もっとも大切ということだ。

コトはお金の話である。イチかバチかのハラハラドキドキがたまらない、なんていうのは、危険なギャンブルの話。多根の言うところの平穏な投資とは無縁である。

つぎに、**人の意見で運用しない。**

あくまでも、自分の判断で売り買いすること。本に書いてあることや株式新聞に書いてあることを参考にしたり、あるいは、いろんなセミナーに行って、どの株が上がるんですかと聞いてみたり——よくあるパターンだが、これがいちばん、よくない。

あくまでも、自分の感覚でやる。ふつうに生活していれば、世のなかの変化はわかる。以前は、グーグルもアイフォーンも使っていなかったが、いま必需品になっているなぁ、とか。

自分で感じる、自分のまわりの変化をきちんと反映して、それに従おうというこうことだ。なぜそれが大切かというと、買ったものは、どこかのタイミングで売らなくてはならないが、売るタイミングは、人に聞いてもぜったいわからないからだ。

しかし、自分の感性なら、前はアマゾンをよく使っていたけど、最近は使わなくなったとか、前はサービスがよかったけど、こういう点で最近よくないとか、リアルに実感できる。よくなったとか悪くなったとか、利用する量が増えたとか減ったとか、変化に気づく。

そろそろ株価も上がってきたし、このへんで売っておくか、もしくは、やっぱり株価は下がってきた、自分の感覚でも、しばらく上がらないな、などと、自分の感性があれば、売ることを判断できるのである。

買って、そして、売る。これが運用ということなので、売るタイミングを間違わないためにも、自分の感性こそが大切である。

そして、自分で運用するときの3つめの注意点は、**買うからには、値段が倍以上のイメージで投資する**ということだ。**倍になるまで1年でも3年でも待つ**

感覚、これが大切。いまパリミキの株が500円だとすると、それが1000円以上になりそうだと思えれば買う。しかもそれは1か月先ではなく、数年先には必ずなると確信できるものしか買ってはいけない。

動揺しない金額で、自分の感覚に従い、数年で倍になるイメージで投資する。この3点が、自分で運用するときの基本である。

他人に運用をまかせるときの8つの基準

T「つぎは、人にまかせるんだけど……これは、具体的に言うと、いいファンドを選ばなきゃいけないってことですよね。じゃあ、いいファンドの条件っていうのが……ぼくは、それこそ、いまそれを本職でやってるんですけど、どういう基準でやってるかというと、8つあるんですよ」

M「8つね」

多根みずからが日々の仕事のなかで考えている「いいファンドの条件」。クローバー・アセットマネジメントのファンドは「ファンド・オブ・ファンズ」。世界中からファンドを集めてきて、それをひとつのファンドにしているわけで、つまり、多根自身が、いいファンドマネージャーの運用するいいファンドを吟味しているわけだ。

そこから導き出された「運用を人にまかせるときの8つの基準」というのが、これだ。

●運用をまかせるときの8つの基準

1　ファンドマネージャー（運用責任者）が明確であるか。
2　ファンドマネージャーが運用が大好きか。
3　ファンドマネージャーが自分たちでも投資しているか。
4　ファンドマネージャーと客の信頼関係はいいか。
5　ファンドの規模は適正か。
6　ファンドマネージャーは最悪の事態を経験しているか。
7　ファンドマネージャーと会社スタッフの人間関係はいいか。
8　手数料は適正か。

ひとつずつ、解説していく。

まず、第1に、**運用を人にまかせるときには、ファンドマネージャー（運用責任者）が明確で、しかも、アクセスできることが大切**である。誰が運用責任者かということがわかり、かつ、その人に会えたり、連絡が取れるかどうか。

たとえば、コドモファンドの場合なら、多根幹雄と会えるし、アクセスできるということだ。クローバー・アセットマネジメントのサイトを見れば、多根が責任者であることはわかるし、セミナーに行けば彼と会える。メールすれば返事がもらえることもあるだろう。

第2は、**そのファンドマネージャーの性格。**

どんな性格がいいかというと、**投資運用がとにかく好きという人間がいい。**運用が大好きで、それさえやっていれば、ほかはいらないというタイプだ。

要するに、**運用オタク**みたいな人がいいのである。

極端なことをいうと、高級時計も高級外車もほしがらず、自分の見た目も気にかけず、話は少々ヘタでもいい。プレゼンテーションが上手、なんてことも必要ない。とにかく、ひたすら、運用好き。

しかも、ただの運用オタクではダメ。**必殺ワザを持ったオタクであることが必要だ**と多根は考えている。


たとえば、アトランティスというファンドの瀬田石妙子《せたいしたえこ》さん――。

日本株の運用対象は3000社くらいあるが、一般的にファンドマネージャーは、そのなかから投資対象を選ぶとき、いろいろな条件をインプットしてフィルターをかける。全部を調べるのは大変なので、いくつか自分たちの条件を入れて、よさそうなものをデータで絞ってからリサーチをしていくのだ。

ところが、瀬田石さんは、そういうフィルターを使わない。企業側からのIR（投資家向け広報）活動を見て、自分のところをPRしたいという企業の担当者と積極的に会う。

ＩＲ担当の立場からすると、ネタがないときは、アナリストに会いたくない。アピールするものがないわけだから。逆に、ネタがあるときは、会いたくて仕方ない。ところが、いままでＩＲをしてこなかった会社が、急にＩＲしたいと言っても、誰も会ってくれない。どうせたいしたことないだろう、あんまり聞いたことないし、などと思われ、ほとんど会ってもらえないのだ。ところが、彼女は、あえて、そういうところと会う。その結果、誰も注目していないときに、買えるのである。そういう必殺ワザ。

第3は、**本人たちが投資しているかどうか。これが実に大切。**自分たちのお金を入れているかどうか、入れているとすれば運用資産の何パーセントか、海外でファンドを買うときには必ず質問する。アメリカでは開示情報になっているという話もある。それこそが、**お客さんと同じリスクを取っているかどうかの判断材料になる。**

ある大手証券会社のファンドマネージャーの例だが、自分が運用しているファンドは買っておらず、マンションで運用している男がいた。そのほうがずっと間違いない、などと言う。必ず利回りを取れるし、いいときに買えばマンション自体も値上がりの可能性がある。自社のファンドを買うよりはぜったいいいと断言している。そんなファンドマネージャーからファンドを買わされる客は、あまりにも悲惨だ。

第4は、**運用者と客の信頼関係。**

たとえば……。クローバー・アセットマネジメントに『浪花《なにわ》おふくろファンド』というのがある。できたのが、ご当地ファンド構想時代の２００８年の４月８日。できてすぐ、リーマン・ショックに見舞われたという、実に気の毒なファンドである。

基準価格（そのときのファンドの値段）と純資産総額（トータルでいくらお

金が入っているか）を見ると、当然、リーマン・ショックが起こったとき、基準価格はどんどん下がっている。40パーセントほど下がっている。ところが、純資産総額は減っていない。逆に増えている。ふつう、基準価格が40パーセントも下がれば、資産総額も40パーセントくらい下がるはず。もちろん、一瞬落ちてはいるが、すぐに増えているのである。

なにが起こったかというと、落ちたときに、むしろいまが買い場だということでお客さんから追加の投資があったのだ。なぜそういうことが起こったかというと、ふだんからちゃんとセミナーをして、顔を合わせて「下がったら買いですよ」みたいな話もして、信頼関係をつくっていたから。だから、このときに、お客さんたちが追加で資金を入れてくれたのである。

こういうケースは世界的にも稀《まれ》で、実際にリーマン・ショックのときには、資産総額が10分の１くらいになったファンドもあった。解約の連鎖で、資産が大きく減ったのである。

落ちたときにファンドにお金が入ってくると、ファンドマネージャーの立場からすると、下がったものをたくさん仕込めるので、やりやすい。ところが、下がったところで解約が集中すると、安いと思っているものをまた売らなくてはいけない。運用どころではなくなって、成績がガタガタになる。

この違いは、ファンドマネージャーとお客さんとの信頼関係から生じる。**この人なら大丈夫と信頼して、逃げないで、むしろ追加投資してもらえる。一方のファンドは、逆に、逃げる。これは、天と地の差である。**

第5が、**規模の問題**である。**小さすぎてもよくないし、とくに、大きすぎるのはよくない。**できれば**「いつ、どの規模でクローズするんですか？」という質問はしたほうがいい。**クローズというのは、募集を止めるということだが、いくらでも大丈夫ですというところは、営業主体なので、避けたほうがいい。

もちろん、適正サイズはファンドの種類にもよる。たとえば、小型株ファンドと呼ばれるサイズの小さい会社に投資するメリットは、世界中の投資家が内情を知っている大型株と違い、みんなが気がつかないときに安く買えて、かつ一気に業績が上がるので、パフォーマンス的によくなるということだ。ただ、中小株は、市場で取り引きされる1日の量が限られている。取引高が低いということは、自分が買えば買うほど株価が上がっていくので、運用成績にプラスに作用するけれども、自分が売る場合は下がってしまうリスクが出てくる。そういうことを考えながら、ファンドマネージャーは、ファンドの規模を適正にするように心がけて、いいパフォーマンスを維持しようとする。

ファンドに限らず、いいものというのは、たくさんつくれない。限られている。大量生産しようとすると、必ずクオリティは落ちる。いくらでも買えるもの、ネットでばんばん買えるものというのは、たいしたものではない。いいものは、ほんとうに買えなくて何か月も待たなくてはいけない。持っている人をたどっていって、譲ってもらわないといけない。そういうものなのだ。

日本では、クローズするファンドが、あまりない。むしろ、証券大手の元役員によると、最低規模が1000億円から、という話になる。それくらいでないと、会社が大儲けできないのだ。多根は上限を決めるべきだと言うが、彼らは下限を決める。上は何兆円、いくらでも売るのは構わないというわけだ。なにしろ、自分たちは買っていないのだから。売れるものを売れるだけ売る。そんなものが、いいものであるはずがない。

第6が、もちろん、**ファンドマネージャーの腕がいいだけではなく、その人が最悪の事態を経験しているかどうか。**

要は、経験である。というのは、やはり、世のなか、いつの時代も想定外のことは起きる。「まさか」はあり得るのだ。ふつうに理屈で考えて、そんなことが起こるはずがないということが起きる。

多根自身は、リーマン・ショックは起こるかもしれないと予想はしていたが、その後の、マドフの件は想像すらできていなかった。いちばん間違いないと思っていたところが、ウソをついていた。

詐欺だった。そういうことも、ある。これはもう、経験しているかしていないかという差でしかないが、経験はしているほうがいいのは間違いない。

第7。もちろん、**ファンドマネージャーがキモではあるが、社長やアナリスト、ほかのスタッフの人間関係がうまくいっているかどうか**も大切である。

それをどうやって知るか？　実は、簡単。その会社に行って、肌で感じてみればいい。空気が澄んでいるか、淀《よど》んでいるか。スタッフたちの表情がどうか、活気があるかどうか。人間関係というものは、ふつうに眺めていれば、なんとなくわかるものである。

いいところにはいい活気があるし、悪いところの空気は淀んでいて、雰囲気が悪い。みんなの表情が暗い。これは意外に、いちばん簡単にわかるものかもしれない。

そして、第8。**できれば手数料が安いほうがいい。**同じファンドでも、買う場所によって値段が違うこともある。売買手数料を取られる場合もある。それは気をつけたほうがいい。できるだけチャージのかからないもののほうがいいのは当たり前。

さて。

自分で運用するか、人にまかせるか。そして、それらのハイブリッド型、つまり、自分でも運用しつつ、誰かにまかせるか。

自分で運用するだけというのは、どうしても、金銭的にも時間的にも限界がある。自分で運用すると、売り買いの判断は自分ですることになって、当然、相場が気になる。ほんとうはあんまり気にしてはいけないのだが、株価が上がったとか下がったとか気になってしまうものだ。

ところが、人にまかせておけば、そういうことを気にせずにすむ。10万円損したとしても、恐らく、精神的な安定度という意味でいうと、しっかりした人にまかせているという思いがあれば、安心できる。「大丈夫、また戻る」と思える。**人にまかせるということは、その人が売り買いの判断をして、自分は、その人が信用できるかどうかを見ているわけだ。だから、相場のことは気にしないでいられる。**

自分で運転してカーレースをやるか、プロのドライバーに託してレースに参加するか。信頼できるプロに託しておけば、とりあえず、路面の状態は気にする必要はないのである。

重ねていうが、**なんのために運用するかというと、最終的には、お金を儲けることではなく、お金から自由になるため**だ。自分で一生懸命運用して、逆にお金のトリコになって、24時間つねにそのことが気になっている状態というのは、実は不幸である。ほんとうは、もっと大切なことがあるはずなのだから。**基本的には、自分の信頼できる人にまかせるというのは、悪くない選択**である。

世の常識と思われている〝コンセンサス〟を疑え

Ｔ「運用のアドバイスというか心構えを言いましたけど、それ以外に、自分で実際に運用やってて、これは大事だと思うことがいくつかあるんです。まずひとつは、コンセンサスを疑え……」

Ｍ「自分とファンドマネージャーのコンセンサスってこと？」

Ｔ「いやいや、コンセンサスっていうのは、なんていうかな……いわゆる常識ってやつですよね。こうなるだろうと、みんなが思っていること」

Ｍ「世のなかの常識ってことね」

Ｔ「たとえばですけど、日本株がこれからすごい上がるんじゃないか、と、100人のうち99人は思ってるとかね。これがコンセンサスっていう状態ですけど、そうなったときには、そうならないことが多いんだよね」

Ｍ「へえ。それは理由あるの？」

T「たとえばですね……」

シーソーを思い浮かべてほしい。

わかりやすく、円高と円安としよう。シーソーの左が円高になると思う人で、右が円安と思っている人だとする。みんなが円高になるよ、ということで、100人中99人が円高に張ったとする。円安は、ひとりだけ。当然、シーソーは左に下がる。で、仮に予想どおり円高だった。そうすると、このシーソーは動かない。このまま。

ところが、予想に反して、みんなが円高だと思っていたけど円安になると、左の人たちが一気に右に行く。そうすると、このシーソーはバタンと逆になる。市場が大きく揺れるというのは、こういう状態だ。右の円安に先に張っている人からすると、みんながこっちに来るので儲かるわけだ。

もともとみんなが思っている方向のままなら、シーソーは動かない。だから右にいても損はしない。ところが、みんなの思惑と違う結果になったとき、円安に張っていれば、大儲けできる。左になっても損しない、右になったら大儲け……リスクはほとんどなく、リターンは大きい。しかし、逆に、コンセンサスのほう、つまりみんなが思うほうに張っていると、思ったとおり円高になっても儲からない。しかも、もし円安になったら大損する。

コンセンサスとは逆に張れ、である。

シーソーの左に99人が乗っている状態で、円高に張ってはいけないのである。「みんなで渡れば怖くない」は、ダメ。みんなで渡れば怖いということを知っておいたほうがいい。

聖書に「狭き門」という言葉がある。ふつう一般的に使われるのは、大学の狭き門というように、みんなが殺到して競争率が高くて狭いという意味。

しかし、新約聖書のマタイ伝の一文で出てくるのは、違う。

「狭き門より入れ。滅びにいたる門は大きく、その路は広く、これより入る者は多し。生命に至る門は狭く、その路は細く、これを見出すもの少なし」（新約聖書　マタイの福音書7章13節14節より）

みんなが通っているような大きな門、広い通り、これは滅びに向かう路である。逆に生き残る路というのは、狭く、細く、誰もそれを見出そうとしない。聖書も、そう教えている。

不安になってしまうけれども、その広いところを行ってもトクなことはないということだ。

とくによくあるパターンが、いろいろ勉強して、アナリストのレポートを見たり新聞を読んだりして、コンセンサス、つまりみんなが言うところに張ってしまう。みんなが言っているから、と、そっちに張るほうが気分的にラク。

だが、それをやっては、いけない。

世のなか、理屈どおりには動かない。人気があるとか、このファンドが売れているとか、ランキングがどうとか、あんまり信用しないほうがいい。通販のランキングで上位に出ているからいい商品とは限らないし、レストランで行列ができているから、おいしいとは限らない。売れているものが、いい商品とは限らないのである。

みんながいいと言うものは、警戒したほうがいい。

「株価を追うな」という言葉がある。株がどんどん上がっていると、早く買わないと乗り遅れるみたいな気持ちになってしまうのである。みんなが買っているらしい、だから、そのあとを追いかけようという感覚。これは、基本的にダメなのである。商売でもなんでも、先に行って待っているようにしないといけない。あとを追いかけたらぜったいダメ。

街で話題になっているものは、実はすでに終わりかけているものなのだから。

いいファンドとは〝クローズ〟してしまうもの

M「もう、とにかく、単純に他人まかせではダメってことだね」

T「ほんと、大変だと思うんですよ。だから、ぼくが声を荒らげて言ってるのは、大変なんですよ、と。むずかしいんですよ、と。しかも、だますやつが多いし、時代が変わってきてるし、ほんと、だから、真剣に血眼になって向き合わないと、というくらい切羽詰まった話なんですよ。実際は」

M「うん」

T「正直、なかなかね、いいファンドが少ないです。しかも、いいファンドほどすぐに買えなくなってしまう。たとえばさっき言った瀬田石さん。彼女はいま100億円運用してるんだけど、どれくらいまでいけるんですかって聞いたら、300億って言うんです。非常にリーズナブル。彼女の場合は中小型株だから、よけいにキャパを大きくできない。300億までで、いったん、ソフトクローズする」

ソフトクローズと完全クローズというものがある。**ソフトクローズは、新規にお客さんは取らない。**が、いままでつきあいのあるお客さんが増やしたいということであれば、受けましょうというのがソフトクローズ。**完全クローズというのは、いままでのお客さんでも追加で購入できない**という、ファンドの販売方法である。

いいファンドは、そうやってクローズしてしまうものなのだ。

実は、クローズするのは、海外では当たり前なのである。うかうかしていると、すぐにクローズになる。理由は、ある意味フェアだから。彼らは自分たちのお金も入れているので、パフォーマンスを確実に出したいと思う。そういう思いがあるから、いいファンドほどクローズになる。

いろいろと考えてきた結論としては、これから、日本の金融をよくするための担い手というのは、たぶんいまの金融機関ではない、と、多根は確信する。個人で、まず、**自分たちで運用する人たちがたくさん出てきて、**プライベートバンクのような感じで、**そのなかで上手な人が、それだったら自分だけじゃなくて、ほかの人のやつも面倒みようかという流れができて、はじめてどんどんよくなる。**

いまの体制でいくら規制を変えても、ルールを変えて、金融庁が指導しても、たぶん、そんなによくはならない。

「あいのり投資」という新発想

M「日本でも、金持ちが自分の資産を運用して、そのなかから運用上手な人が現れて……っていう、スイスのようになる必要があるというわけだね」

T「うん。大手の会社が自分のところの営業マンを抱えるために売ってるファンドって、おかしいでしょう？　しかも、自分たちは買ってないなんて……」

M「確かに。ずっと多根くんの話を聞いていて、わかったことがあるんだ」

T「ほお、わかりましたか（笑）」

M「最終的には、富豪に便乗するっていうのが正解かなって思うんだよね……便乗、つまり〝あいのり〟するんだよ、億万長者に」

T「億万長者に〝あいのり〟？」

M「そう。むずかしいこと考えないで、多根さんの運用に便乗するってこと」

T「ぼくはそんな億万長者じゃないよ（笑）」

M「だけど、スイスの大富豪……億万長者たちのやりかたを踏襲して、ファンドマネージャーを厳選してる。しかも、そのファンドマネージャーの情報も、どこかの富豪たちから入ってくるってことも、あるわけでしょ？」

T「ああ、確かに。ぼく自身も億万長者に〝あいのり〟しているわけだ」

M「そのうえ、もっとも大切なことは、多根くん自身が自分のお金を運用しているってことなんだよね。ささやかな庶民の感覚で言うと、そういう億万長者にこそ、〝あいのり〟するしかないって思うんだよ」

多根は、しきりに、世のなかが変化するのは当たり前と言い続けてきた。その変化のなかで、伸びる会社を見定めるしかないのだ、と。だが、日本の田舎に世界シェア60パーセントという会社があるとしても、なかなか、誰の耳にも入ってくる情報ではない。

金持ちだから知っていること、というのがあるのではないか。金持ちのところに集まる情報こそが、お金儲けの秘訣なのではないか。

多根に言わせると、逆のケースもあって、金持ちのところに集まる情報が正しいとも限らない。情報量が多いのは間違いないだろうが、全部が正しいとは限らないと笑う。だが、悪い情報や裏のある情報もふくめて、間違いなく、お金儲けに関する情報は、お金のあるところに集まる。

骨董の世界とよく似ている。あそこに持って行けば買ってくれるんじゃないか、と、いろんな人がいろんなモノを持ちこんでくる。いいものも悪いものも、玉石混淆《ぎょくせきこんこう》だ。

ただ、そうやって、情報が集まってきて、しかも、これまで話したように、自分の資産もちゃんと投資している。ということは、そこで、多根なりの慎重な分析がある。自分が買っていないものをセールスしているのではない。多根がいいと思い、多根自身も投資している――そういう投資には、〝あいのり〟する価値がある。

多根は、スイスにいたころ、ツアーを組んで20か国をまわった。「こんなツアーをやって、世界各国のファンドマネージャーに会った日本人は、いないんじゃないかな」と、いまも自信を持って言う。それができたのは、もちろん彼の人脈があったからこそだが、もっと単純に、多根が資産家だからである。世界のファンドマネージャーにとっても、会うメリットがある人間なのだ。

不確かなものではなく、確かなものには投資したいと、多根は強く考える。しかも、自分自身が運用するのではなく、自分よりも運用が好きで、熱心で、かつ上手な人を世界から選んで、その人にまかせる。考えかたも納得できて、多根自身が見て、この人だったら自分よりうまいと思う人に投資する。これほど確かなことはない、というのが、多根の基本的な態度だ。

いま、多根のところには、自分の運用するファンドを説明したいと面会のリクエストが来る。クローバー・アセットマネジメントのファンドに入れてくれないかという商談のためだ。多根は、基本的に、マネージャーが来るなら会うというスタンスだそうだ。営業マンが来るだけなら、会わない。ファンドマネージャーとなら、ネームバリューに関係なく会って、よければ投資する。

しかも、わりと気楽に投資できる理由として、いきなりコドモファンドに入れずに、スイスの法人で試し買いしてみるということもやっている。ファンドのパフォーマンスを吟味するために、スイスに法人をつくってあるのだ。わりと甘く判断しても、クローバーのお客さんに迷惑をかけなくてすむ仕組みをつくっている。

多根は、スイス時代の知りあいから、いまもツアーに誘われる。昨年もミャンマーに行った。リスクを取って、意味のあるお金のまわしかたをしたいと思っている人物が、**みずからのファミリーの資産を、いろんなところに投資しようと調査をしているのだ。**多根も誘われて、おもしろそうな会社をいろいろ紹介してもらったりする。

彼らは実際に多くのお金を持っていて、その資産を運用しようとしている。**億万長者が動けば、必ず情報が集まる。**集まってきた情報を吟味し、しっかりと自分たちで現地まで行って裏を取る。そういう情報がなぜ多根のところに集まるか。彼らは、それ自体を事業にしているから、怪しい人物を介入させたくないのだ。だから、素性がはっきりしている多根のところには話がくる。

そうやって、多根は**世界の億万長者に〝あいのり〟するかたちでツアーに出かけ、確実な投資先を見つけてくる。私たちとしては、これに乗らずして、なにに乗る**のか。

多根は**「運用を人にまかせるときの8つの基準」**をあげた。

1 ファンドマネージャー（運用責任者）が明確であるか。

2 ファンドマネージャーが運用が大好きか。

3 ファンドマネージャーが自分たちでも投資しているか。

4　ファンドマネージャーと客の信頼関係はいいか。
5　ファンドの規模は適正か。
6　ファンドマネージャーは最悪の事態を経験しているか。
7　ファンドマネージャーと会社スタッフの人間関係はいいか。
8　手数料は適正か。

これらの条件をしっかりと考慮して、多根は、ファンドマネージャーを選んでいる。つまり、多根自身の投資先を吟味している。それに〝あいのり〟するのは、悪くはない選択だ。もちろん、多根以外に、そういう**「自分の資産を入れて運用している億万長者」がいて、その運用に乗れる**なら、それも悪くない。

とにかく、私たちには「あいのり投資」こそが、もっとも簡単で、有効な投資方法なのだ。では、どういう人に〝あいのり〟するか。その答えこそが「運用を人にまかせるときの8つの基準」なのである。その基準をクリアして、しかも運用責任者自身が金持ちだとすれば、その運用に〝あいのり〟しない手はない。

ファンドマネージャーが誰かもわからないファンドを買うか?
売っている人が買っていないファンドを買うか?
いくらでも買えるファンドを買うか?

〝あいのり〟する意義と実益を知れば、もはや大手金融機関の営業マンのセールストークに乗せられることはないはずだ。

第5章

資産運用の果実を味わう

「すごいぶっちゃけたことを聞いていい？」

「うん、なに？」

「クローバー・アセットマネジメントのコドモファンドって、実際のところ、どれくらいの利回りをめざしてるの？」

「このところは相場もいい時期だったので、２０１３年４月15日の設定以来で年率換算すると12パーセントちょっとというのが実績だね。でも、それは結果であって目標ではないよ。短期だと相場の影響も大きいしね」

資産運用の果実を味わう

日本に眠っている1000兆円の預貯金。それらは、もしかすると、眠らせておくことが、もっとも安全だと信じられていたから眠っているのかもしれない。けれど、もう、そういう時代ではない。眠りから目覚めさせて、つぎの世代への投資として活かされなくてはならない。変化する時代を読んで、あくまで自分の判断で、運用していくしかない。だが、他人の言葉に乗せられて、誰かにまかせてしまってはいけない。かんたんに儲かる商品など、この世にないのだ。だからこそ、運用上手で正直な富豪に〝あいのり〟する。「あいのり投資」のススメである。

1000兆円を超える日本の預金残高

M「いま、投資やファンドのブームだから、ゲーム感覚の、お金儲けの本みたいな類が、たくさん書店に並んでいるよね」

T「どうやって勝つか」

M「それはそれで、おもしろいんだけど、そういうのと多根くんが考える投資やお金の話はちょっと違いますよってことかもしれないね」

T「そういうハウツーメイクマネーみたいなのに興味がある人もいるけども、そう多くはない気がしてる。実際は全体の5パーセントとか10パーセントくらいじゃないかな。そうじゃない人のほうが実は多いと思うよ」

M「それは、多根くんの実感として？」

T「うん。クローバーに来てるお客さんっていうのは、いままでの証券会社とつきあってきた人たちとはまったく人種が違う。どの株が上がるんですか、なんて聞く人は、ひとりも来なくなった。そんな質問すると、まわりから白い目で見られちゃうくらい」

M「いずれ大手証券会社が、直販型の投信をやりだすのかなぁ」

T「その話は、以前……うちでセミナーやったときに、ある人と話したことがあるんだけど……」

多根は、クローバーのセミナーで以前会った人物のエピソードを話してくれた。セミナーにやってくる人のなかに、大手証券会社の人間がいた。営業職で何人かの部下を束ねている人だった。彼いわく、資産運用の理想の姿を考えると、各証券会社がそれぞれひとつずつファンドをつくり、運用を競うかたちがいちばんいいと思う、と。売ったり買ったりせずに、世界中から尖鋭のファンドマネージャーやアナリストを集めて、ほんとうにいい運用をするのが理想だと彼は言った。ただ、それをやろうとすると、9割の人員をカットしないといけない。だから、できない。それが彼の結論だった。

いい運用を心がけて、じっくりと客の資産を増やしていくというビジネスモデルが、会社の規模と合わないということなのだ。

いいファンドには、適正な規模がある。大きすぎるのはよくない。大手証券会社の社員のほとんどは営業マンで、営業マンをたくさん抱えるということは、とにかく売らなければいけない。

しかし、**いいものというのは、実は、たくさんつくれない。**大量生産できるものは、それなりのものでしかない。ほんとうにいいものは、手づくりで、コツコツつくるしかないのである。規模が大きいということは、すなわち、いいものはできない、ということなのだ。安くはできるかもしれないが、それは、いいものではない。

世界的に見ても、運用という部分に関していうと、日本は後進国だ。金融資産のなかでも預貯金が１０００兆円を超えている。しかもゼロ金利。１０００

兆円という膨大な金額が、ほとんどゼロ金利の状態で放置されている。それなのに、みんな、どう運用していいかわからない。

コツコツといいものをつくり、しっかりと運用して、欧米並みの利回りを客に還元できれば、日本は変わる。1000兆円が運用にまわれば、運用成果が1パーセントでも10兆円、10パーセントなら100兆円もの富を1年で生みだせるのである。

大切なことは、たくさん売って儲けることではない。自分のお金をうまく運用できる資産家が育つことなのだ。「きみたちも〝あいのり〟する?」という気持ちでいてくれる資産家が、日本にたくさん現れることしかない。

〝あいのり〟するべき投資家の条件

M「ほんとに、ぼくたち、どうすればいいんだろうね。たとえば、多根くんが何度も言ってるように、買うときに『あなたはこの商品買ってるの？』と聞くのは大切な指針だよね」

T「それは、ぜったいに必要です、ほんとに」

M「うん。もうひとつは、クローバー・アセットマネジメントをネットで検索して、資料請求してみようっていうのはあるかもしれない（笑）。あとは、なんだろう……」

T「そうなんですよね……」

M「たとえば、クローバー・アセットマネジメント以外に、多根くんも認める、このファンドはいいんじゃないとか、そういうのは、日本にあるの？」

T「いわゆる、直販型投信っていう、販売会社を通さない、つまり販売手数料を取らないタイプの独立系のファンドだよね……。大手証券系とか銀行系のところよりは、独立系のなかにいいのがあるかもしれない。そういったところは、直接、セミナーなどで運用者に会えるからね。この点は独立系の最大の魅力だね」

直販型の投資信託の会社としてスタートしたのは、日本で8社ある。多根のやっているクローバー・アセットマネジメントを入れて8社。驚くほど少ないのが現状だ。

「以前、これ……直販の社長たちが合宿したときの写真なんだけど……」

と、アイパッドを操作して、多根は、1枚の写真を見せてくれた。山の中腹のようなところで、ハイキングのような服装をした6人の男たちが記念写真におさまっている。

さわかみ投信の会長の澤上篤人さん。

鎌倉投信社長の鎌田恭幸《かまたやすゆき》さん。

セゾン投信社長の中野晴啓《なかのはるひろ》さん。

ユニオン投信の前社長の仲木威雄《なかぎたけお》さん。もともと、さわかみ投信にいて、現在は丸井と組んで新しい投資会社をはじめた。

コモンズ投信の社長、伊井哲朗《いいてつろう》さん。

その日は欠席していたが、ひふみ投信の藤野英人《ふじのひでと》さん。ありがとう投信の長谷《はせ》俊介《しゅんすけ》さん。多根を入れて合計８人が、日本での直販型の担い手だった人たちだ。

８社とも、基本的に信託報酬のみでやっていた。売買手数料も成功報酬も取っていなかった。ようやく、10年かかって、それぞれ黒字になってきたところらしい。

ところが、直販系も少しずつ変化してきている。直販でしか買えないより、手軽な方法で、大手証券会社や銀行を通して買いたいという客たちのニーズも高まってくる。もちろん、そうやって販売したほうが、より大量に売れる。また、ファンドの規模が想定以上にふくれて、当初のコンセプトや内容が変わっていったファンドもある。

多根も事業家ではあるが、親が事業で成功した資産家であるため、ガツガツした金儲けには関心がなさそうだ。そもそもが、気のいい御曹司なのである。しかも、多根家の伝統として「人のために」という家訓のようなものがある。多くの三城の社員に会って話を聞いたが、眼のことで困っているお客さんがメガネをかけたとたん晴れやかな顔になる——この瞬間に立ち合う喜びを彼らはしきりに口にする。

スイスから帰ってきてからの悶々とした5年間、多根自身、会社経営という意味では自分の居場所を見失いかけた。そこで出会ったクローバー・アセットマネジメントという場所。そこで得た、スイスでのノウハウを人の役に立てることができるかもしれないという希望。

スイスでは、資産家たちがお互いの投資経験を共有しながら、一族の資産を運用する能力を磨く。

私たちが〝あいのり〟するべきは、そういう資産家なのである。ビジネスでお金を稼ぎたいという欲望に乗るのではない。自分のお金を運用している金持ちの正直さに乗るのである。**「いい方法を見つけたから、あなたもいっしょに、どうですか」と言ってくれる、穏やかな誘いに乗るのである。**

資産運用の果実とは

M「最近、BIGっていうスポーツくじをときどき買うのね。当たるとメールがくるんだけど、この前、地方に旅取材に行ってるときにメールがきた。当たりました、と。そのメールでは、いくら当たったかはわからないんだ。下は570円くらいから、1等は10億円なのね」

T「10億円、すごいね」

M「当然、旅のあいだ、妄想するわけ。10億当たってたらどうしよう、とかさ。で、ぼくは、多根くんに相談しようと思ったわけ。クローバーでファンドを買うにしろ、なににしろ」

T「ああ、それはいいね。それは書いといて」

と、ほんとうの金持ちに、この話は、なぜか受けたのである。

そして、妄想がらみで私に相談された多根は、こんなふうに答えてくれた。

やってみたいことがあるのなら、そのぶんは取っておいて、あとは、運用する。運用して儲かったぶんで、社会貢献するのがいちばんいいだろう、と。

まず、やりたいことはやる。それに1億円が必要ならば使ってしまう。世界一周、船の旅とか。そして、あとの9億円を運用して、そこから実った果実は世のなかのために使う。これが、バランスがいいのではないか、と。

1億円をパッと使い、9億円を運用して、儲かったぶんは社会貢献するのである。確かに、そういうことを想像すると、人生が楽しくなるという気もする。

幸福ってなんだろう、と、人は考える。

多根はスイスにいるときに、プライベートバンクのパートナーたちを見て気づいたことがある。彼らは資産家で、桁が違うくらい金持ちなのだが、ほんとうに幸せそうな人は多くはない。よくあるパターンが、資産家の息子や娘がドラッグに走ってしまうとか、いろいろな問題を起こすことが多い。

一方で、比較的、うまくやっている家族もある。しっかりと目的意識を持って、たとえば、資産運用を上手にやって、儲かったぶんを寄付にまわす。そのために運用している資産家もいる。そういう家は、生活も質素であることが多い。

人生の目的が大切であるということだ。


人生の目的とは、なにか。多根は、「最終的に、棺桶《かんおけ》に入る前に自分の人生を振り返ったとき、ああ、いい人生だったなって思えるか、自分で納得できるかどうかじゃないか」と言う。お金はないよりはあったほうがいい。けれど、多ければいいかというとそうでもない。どういう生きかたをするかが、最終的にいい人生かどうかである。そう考えると、人生の目的をしっかりと持っておく必要がある。**お金さえあれば幸せになれると思ってしまうけれども、そんなものではないということを、多根は、とんでもない金持ちを見てきたぶん、よくわかるのだ**と話す。

めざすべきリターンは？

M「すごいぶっちゃけたことを聞いていい？」
T「うん、なに？」
M「クローバー・アセットマネジメントのコドモファンドって、実際のところ、どれくらいの利回りをめざしてるの？」
T「このところは相場もいい時期だったので、２０１３年４月15日の設定以来で年率換算すると12パーセントちょっとというのが実績だね。でも、それは結果であって目標ではないよ。短期だと相場の影響も大きいしね」

多根がスイスにいたときに出会ったファンドマネージャーたちは、儲かりはじめると、いきなり車が変わったり時計が変わったりする人もいれば、ぜんぜんなにも変わらないで、楽しそうに運用に没頭する人もいた。相場を意識して運用している人もいれば、相場がどうなるか考えないファンドマネージャーもいた。

多根は、あまり相場を意識しないファンドマネージャーのほうに好感を持っている。たとえば、2017年のフランス大統領選で、一時、ルペンとかメランションが大統領になるかもしれないと話題になったとき、相場がぐっと下がった。そういう相場を見ているファンドマネージャーもいるが、気にしない人は、なんでこの会社が下がるんだろう、いい会社なのにと思い、安くなったから単純に買う。あまり相場のことを考えない。

相場より会社を見ているということである。この会社は、ふつうひと株100円なのに、50円になった、おかしい、と、考える。そこでもっと買っておこうと判断する。**そういう単純な見かたのほうが、長いスパンで見るとよい結果を生む場合が多い。**

１００円の力を持っているのに50円なのだから、必ず１００円には戻るという判断だ。もちろん、そういうファンドマネージャーは、自分の得意な、限られた企業に絞って内情をよく知っている。あまり相場のことは考えない。世のなかでどういう政変が起こっているかあまり考えず、その会社だけ見ながら、安くなったら買う。逆に、１００円の会社が２００円はおかしいと考える。そうなったら、売る。また下がったら買う。こういう判断は、実際に強い。

ファンドの利率は、買っている客の立場で言えば、もちろん高いほどいい。利子をそのまま運用にまわすことを複利法というが、よく言われるのは、年間７・２パーセントでまわると、複利だと10年で２倍になる。わかりやすく説明すると、１００万円のファンドを買って、それが年率７・２パーセントの運用成績なら、１年たつと１０７万２千円になる。２年めには１１４万９１８４円、つぎの年には１２３万１９２５円……というふうに増えて、10年めには２００万円を超えるという理屈である。

年率7・2パーセントの投資信託なら、10年で倍。10年預けっぱなしの定期預金が、いったいいくらになるかを考えると、10年で倍というのは、とても魅力的だ。

多根が自分の運用するファンドでめざすのは、実は、年6・5から7・2パーセントくらいの感覚だと言う。20年とか30年という長期で見たときに、それくらいでおさまればいいだろうという判断だ。それ以上を狙うとリスクが大きくなるので、よくないと考える。

多根が6・5パーセントという数字を意識するのには、ちょっとした根拠がある。

多根がスイスにいたときに、イラン系のユダヤ人と知りあいになった。つきあいのあった人物の父親だ。事業家でもあり、資産の運用もして、かつ運用益をボランティアに使おうという人だった。人間的にもすばらしく、人格者でもあった。多根は、彼に、どれくらいのリターンをめざすのか質問した。そのときに出てきたのが、６・５という数字だった。

あまり欲張らないで、かといって、あまり低すぎない。もちろん金利の状況によっても違うけれども、６・５あればリスクも少ないし、ある程度、リターンとしても満足がいく。その感覚を、多根はいまも大切にしているというわけだ。

これからの人生、どうやって生きるか

M「人生１００年なんて話もしたけど、ほんとに長くなっちゃったからねぇ、われわれの余命も。まだまだ元気に生きなきゃなんない。これからは、定年後のボランティアとか、そういうことが大切なのかもしれないね」

T「社会貢献ということだね」

M「ぼくのレベルで言うと、月々1万円でいいからなにかやって、プラスになったら寄付しましょう、みたいなことかなぁ。寄付っていうより、もうちょっと実感のあるやつ。ちゃんと顔の見えるところを応援していくような感じ。そういうのがあると、うれしいかもしれない」

T「財団とか団体じゃなくて、この人を応援したいとか、この若者を応援したいとか、それが実感できるところ……。

たとえば、いい素材を使ったおいしいパン屋さんが、自分ちの近所にあるのはいいよね。そういうパン屋さんをはじめたいと思ってる若い人にだったら、ちょっと投資をしてもいいんじゃない？　近所にいいパン屋さんができるんだったらうれしいし、そこのお客さんにもなれるし。その店で、若者とおしゃべりしたり、応援するのは楽しいじゃないですか」

若者も、自分のことを認めてくれる。年寄りで金は持っているけど若い友だちはいないというのではなく、若い人とコミュニケーションできる。そういう老後は楽しいかもしれない。自分の友だちを連れていって、これは自分が応援してるパン屋さんなんだけど、きみも応援してくれる？　と、誇りをもって言える。それはうれしいことだ。

そういう仕組みが、世のなかにあるのだろうか。これから、できていくのだろうか。

たとえば、銀行と信用金庫は、似ているようで、実はぜんぜん違う。銀行は株式会社なので、基本的には利益追求。信用金庫は、みんなで金を出しあって、お金を融通しましょう、と、みんなでつくったもの。もともとの成り立ちがまったく違うのである。

ところが、いまは、どんどん信用金庫も銀行化している。本来の目的は、地元で、若い人たちがパン屋さんをやりたいという夢にしっかりと融資しないといけないのだが、このごろの信用金庫は、担保はあるかとか、３期の財務諸表を出せ、というような対応をする。これからはじめる人には、両方ない。

しかし、東京の第一勧業信用組合は、若者にお金を貸す。財務諸表がなくて、担保なしでも貸す。どうしてそういうことが可能かというと、地元の、顔利きが登場するのだそうだ。そういう人が、信用金庫の理事をやっていたりする。こいつのことは小学生のころから知ってるけど、なかなかまじめな子だし、考えかたもいいよ、面倒みてやってくれと顔利きが言い、それを担保に貸す。そして、紹介した顔利きはしっかりと面倒をみる。若者もそうやって期待されるとがんばる。

そういう信用金庫も、現実に、いま存在する。

誰もが地元の顔利きになれるわけではないが、そういう感覚で若者を応援できる社会は魅力的だ。

人の為と書いて「偽」

M「多根くんが、この本で言えることがあるとすれば、そろそろみんな気づこうよということかもしれないね」

T「そうそう」

M「売ってる人も、買ってる人も、金融機関に勤めてる人も、もう一回、しっかりと初心に戻って、いいファンドというものを見つめ直そうと」

T「いちばん、大きな知見は、よく言うんですけど……木次《きすき》乳業の話、しましたっけ？　奥出雲の……牧場があって……」

木次乳業というのは、島根県雲南市木次町にある牧場である。奥出雲多根自然博物館から近い。その木次乳業の創業者、佐藤忠吉《さとうちゅうきち》さんは、みずからを「百姓」と名乗り、日本で最初に低温殺菌牛乳のパスチャライズ牛乳を開発した人物だ。いまも山地酪農を掲げブラウンスイス牛を育てている。また、木次には、佐藤さんが提唱者であり相談役をつとめる「食の杜」が地元有志によってつくられている。

多根は、そんな佐藤さんの生きかたや考えかたに深い感銘を受けているのである。

佐藤忠吉さんは、こんなことを言っている。

いわゆる「農」というのは自分のためにつくるもの。それに「業」がついて「農業」になると、結局、儲ける仕組みになってしまう——。いま、あらゆるものが「金を儲けるための仕組み」になっているので「人の為」と書いて「偽」になっている。

本来は、自分が食べたいもの、自分がいいと思うものをつくって、わけてあげればいい。けれど、自分は食べないで、人に売って儲けようというものばかりあふれている。それが現代なのかもしれない。

そこから直さなきゃいけない、と、多根はきっぱりと言う。

まずは売っている人間が金融商品を買わなくてはいけない。自分たちが、まず投資してみる。よかったものを、ほかの人にも勧める。こういういいのがあるよ、うちも買って長年つきあってるけど、いいよ、あなたもどうですか、という、やりかた。

まさに「農」なのである。**「おいしかったから、あんたもどう?」という話**なのである。多根が体験してきたスイスの資産家たちの運用も、基本的には同じである。

逆の立場で考えると、ほんとうにおいしいものを味わいたいなら、自分でつくっている農家さんのところに行ってわけてもらうのがいい。**ほんとうに有益な運用をしたいなら、実際に自分のお金をうまく運用している人に〝あいのり〟するしかない。**

社会貢献としてのファンド

M「じゃあ、最後に、多根幹雄さんに質問するね」
T「ええ、どうぞ……」
M「あなたのお金、どれくらいファンドに入れてるの?」
T「はは、そこくるかぁ……うーん、運用資産の100パーセントはコドモファンドに入れてるよ」
M「はいはい」
T「実は、コドモファンドっていうのは、ちょっと言えないくらい、グループの会社とか身内が買ってるんですよ。比率で言うと、もう日本一でしょう。そっちが多すぎると思うくらい。だから、新たなお客さんがまだまだ少ないんですけど……身内のグループとか社員とかが買ってるファンドなんですよ。こんなファンドないですよ、ほかに。でも、海外は、ほとんどそれですから。

ファンドマネージャーたちが、自分たちのお金を入れてます」

M「じゃあね、多根さんの社会貢献は？」

T「自分自身の？　うーんとね、実は、いまやってるのが、農園をつくってる。もともと、これをやろうと思ったのは……おふくろが４年前に亡くなって……残念だったのは、病気になったこともそうなんだけど、なにか、病気になる前から、生きかたとか、生活のスタイルを変えれば、もっと長生きしたかもしれないし、もっとハッピーに生活できたんじゃないかという思いがあったんですよ。

じゃあどうしたらいいんだろうというふうに考えたときに……農というものを通じて、いろんな人が出会って、いっしょに耕して、いっしょに収穫して、いっしょに料理していっしょに食べる……非常にシンプルなことだけど、でも、まず、からだが健康になるよね。足腰も丈夫になるし、いろんな人とおしゃべりしてやっていけば楽しいし、頭もぼけないだろうし……そういう空間をつくりたいなって思って、伊豆で、みかん山の休耕地５５００坪を買って『たねころ山農園』っていう農園を、つくってます」

M「へえ、そんなことやってるんだ」

T「だからもう、ほとんど週末は、農家というより、ヤギの世話や土木作業をやってる感じなんだよ」

M「案外、それって、多根くん自身の健康にもよさそうだ」

T「確かに。ただまぁ、毎日汗まみれでやってるのは、うちのカミさんだけどね」

M「そこは言っとかないとね（笑）。奥さんに叱られちゃう」

T「あと、もっと言うと……クローバー自体も、社会貢献だと思ってやってるところがあって……それはだから、儲けたいというよりは、どう考えても、ほかにないから。やる以上は、どんどんよくしていきたいと思って……」

うん。それはほんとうに、そうかもしれない。多根にとっての最大の社会貢献は『クローバー・アセットマネジメント』という会社でファンドを運用しているることとなのだろう。

だからといって、多根に「よろしく、多根さん。期待してるよ」と頼りきってしまうのは間違いである。**自分の頭で、お金のことを考え、自分の感覚で判断する。お金から自立するには、そうするしかない。**

多根幹雄は、ずっとそういうことを話し続けていた。

そのうえで、だからこそ、あえて、多根に〝あいのり〟するという道がある。なぜなら、多根は自分の資産を運用して、うまくいったものを、客に勧めているからだ。まだまだ規模は小さい。でも、多根は、それでいいと思っている。「農業」ではなく「農」であることに誇りを持っている。

精神的に自立することがいかに大切か。寿命が延びて、これからは老後を長く生きなければならない。自分の頭で考えて、長く生きる。国にも頼れない。大手金融機関などアテにはならない。市場環境はますます読みにくくなる。

そのなかで、多根は、いいファンドを見つけてきて人の役に立ちたいと言いきる。ほかにないから、自分がなんとかしたいと言う。10年とか30年という長い視野で見れば、**必ず資産運用の果実は大きく育つと断言する。**自分の運用能力ではなく、ファンドマネージャーを見つける目には自信があると言う。

彼の言葉ひとつひとつは、多根幹雄自身の社会での役割に対する、彼なりの決意表明なのである。

おわりに

〜〝あいのり〟への誘《いざな》い

多根幹雄

「違い」こそ同級生の醍醐味

みなさんにとって同級生とはどんなものでしょうか。私の場合は、そもそも人間は「違う」ほうが生きている意味があると信じているくらいですから、「同じ」学校の卒業生だからといって、ちょくちょく同窓会などに顔を出すタイプではありません。同級生のほんとうの醍醐味というのは、むしろその後の「違う」世界で活躍している点にあると思っています。「違う」世界で活躍した人間が、「同じ」学校ということで率直に話せるのがなんと言ってもオモシロイのです。そういう意味では、この本を書いてくれた松尾伸弥くんは、数多くの同級生のなかでも、飛び抜けた存在のひとりだと言えるでしょう。

彼は国立大に進学後、当時もいまも最難関のひとつ、集英社に就職して、男性誌のグラビア担当ということで、毎日のように有名タレントや美しい女性に囲まれて仕事をしていました。まさに、若い男性にとっては夢のような世界で活躍していたわけで、卒業生のなかではつねに羨望の的でした。集英社を辞めたあとも、まるでドラマのように波乱万丈の人生を歩むことになるわけですが、その内容はやがて彼が自伝をベースに傑作を書いてくれるでしょうから、それを待ちたいと思っています。いずれにしても、社会人になったころは、こちらが〝あいのり〟したいと思ったくらいでしたが、残念ながら願い叶いませんでした。

そして、高校を卒業して38年ぶりに、フリーライターとなった彼と会うことになり、この本が生まれました。私にとっては2冊めの本ですが、前作がスイスを題材に、自立の大切さと、時間の力を活かして豊かになる「生きかた」を提唱したので、次作はたっぷりと、ふだん疑問に思っている日本の金融について語りたいと思っていました。今回の作品は、彼と対話するスタイルを取ることで、むずかしい内容をわかりやすく、テンポよく、しかもおもしろく表現できたのではないかと大いに満足しています。さらに、いつもより率直に自分の思いを語ることができたのも、彼の本音を引き出す独特のキャラクターもありますが、やはり彼が同級生であることも大きかったように思います。

年金も自分でどうにかする時代

ところで、みなさんは年金についてどう思いますか。ほとんどの人が「あてにならないね」「心配だ」といった反応をされると思います。その表れが若者に広がっている「年金の掛け金をかけない」という、彼らなりの反抗の意思表示なのでしょう。年金が破綻するかどうかはともかくとして、いまはっきりしているのは、支給開始年齢がどんどん上げられていくということ、さらには支給額が減らされていくということでしょうか。

ロシアでも年金の支給年齢を上げることで大騒ぎになり、プーチンの支持率が大幅に低下しました。結局、当初案より女性の支給年齢を下げ、また出産した子供の数で女性の支給年齢を下げるなどの新しいアイデアを加えることで、なんとか支持率回復に努めたものの、それでも男女それぞれ5歳ずつ支給年齢を上げることが決定されました。

各国が年金改革に追いこまれる最大の理由は、運用成績の悪さもありますが、それよりも人口構成の変化です。地球上の多くの国で、年金を積み立てる人よりも、年金を受け取る人の比率が上がってきています。ですから、支給開始年齢をどんどん上げていかないと、バランスが取れないのです。

このことに対して「自分でなにか対策していますか?」とたずねても、ほとんどの人が「なにもやっていない」「忙しくて考える暇がない」というのが実際のところでしょう。年金の対策は国の仕事であって、自分のやることでないという気持ちもあるかもしれません。でも、誰も助けてくれません。実際、国も企業も、自らの責任を少しずつ放棄し、われわれにその責任を押しつけてきているのですから。

運用がむずかしい時代へ

金融機関に頼らず、自分で勉強して運用しようという人も多いと思います。ただ、残念なことにこれからは運用がむずかしい時代になります。逆に言うと、いままでは運用はかんたんでした。なぜならば長期金利が１９８１年をピークにどんどん下がっていたし、先進国を中心に、長期にわたり年金の資金が金融市場に投入されてきました。ですから、安い費用のインデックスファンドやＥＴＦを活用して、国内外の株と債券にそれぞれ単純に分散投資をするのが正解というようなことが、ほとんどの金融本に書かれています。過去30年ほどは、まさにそのような手軽な運用方法が正しい時代だったのです。

しかし、残念ながらその流れが逆転しようとしています。金利低下を招いた主因はなにか。もちろん21世紀に入ってからは、たび重なる金融危機に対する金融緩和が直接的な原因ですが、より長期的に見て、私はその大きな原因が冷戦終結後に発展していったグローバリゼーションだったと思っています。それまで地球上で11億人の経済圏だったところに、30億人を超える圧倒的に安い労働力が供給されました。とくに中国が世界の工場として、その力をフルに発揮してきた2001年以降（中国はこの年WTOに加盟しています）、日本でも、あらゆるモノが中国製に変わり、価格も圧倒的に安くなっていったことは記憶に新しいでしょう。これにより、世界のインフレ率はどんどん低下していきました。日本は、バブル崩壊により、資産デフレが発生し、企業も個人も資産状況が悪化。投資を手控えただけでなく、もともと世界の工場として国内に過大な供給能力を持っていたこと、さらに増税や緊縮財政という政府の間違った施策のため、需要が大幅に縮小し、長期のデフレに陥ってしまったのです。

ここにきて、アメリカのトランプ大統領に代表される関税強化や、多くの国での移民に対する圧力の強まりなど、行き過ぎたグローバリゼーションによる問題が表面化し、その反動が強まっています。また、高齢化が進むなかで、年金を積み立てる人間より、受け取る人間が増えるということは、金融市場からお金が出ていく時代になります。本文のなかで「コンセンサス」は避けるべきだとの主張をしていますが、いま最大の「コンセンサス」は、金融本で正解とされているインデックスファンドやETFです。あまりにも多くの人が持ちすぎています。つまり、インデックスファンドやETFがバブルになっているということで、これらを所有するリスクが増大しているといえるでしょう。

ほんとうにいい情報は流れていない

運用がむずかしいから預金で置いておこうと思っても、この超低金利の時代、それでは将来必要な額の年金が確保できません。いいものと悪いものの差が大きくなる時代ですから、血眼になってほんとうにいい投資対象を選びぬかねばならないのです。ただ、いくらネットを駆使しても、いい情報を得ることはほとんど不可能でしょう。そもそもネットには、価値ある情報はあまり流れていないのです。

おいしいレストランや腕のいい医者を考えてみてください。彼らにはすでに既存の顧客が充分いるので、新たにネットやテレビで宣伝する必要はありません。むしろ、新しいお客さまが押し寄せたら、既存のお客さまに迷惑がかかってしまいます。ですから、できるだけ情報発信をしないようにしています。ネットやテレビに流れている情報は、お金をかけないと売れないサービスや商品がほとんどなのです。

しかも、既存の金融機関を訪れようものなら、それこそ彼らの餌食になるようなもの。彼ら自身が絶対買いたくないと思っている商品を売りつけられてしまいます。それではどうしたらいいのか――その答えが「あいのり投資」なのです。ほんとうに優秀な、信頼できる人間がみずからの資金を運用しているところに〝あいのり〟するのです。

ただ、残念ながら日本には〝あいのり〟できる金融サービスがほとんど存在しません。

この本を書いたふたつの目的

この本を書くにあたって、目的がふたつありました。ひとつは、みなさんのように必死に自分の力で解決方法を勉強しようとしている人たちに、究極かつ最高の手段として「あいのり投資」という方法があるということをお知らせしたかったこと。

もうひとつは、現在金融機関で働く人たちに、真剣に運用を勉強し、みずからの資金を運用するなかで得られたノウハウを、多くのかたに提供すべく、独立をめざしてほしいということです。

証券会社や銀行のなかにも、現状の問題に気づいて、なんとか勉強して、お客さまのためにと思って本気で努力されている人が必ずいるはずです。そんな人たちに〝あいのり〟できる金融サービスをつくってほしいのです。

私の運営する投資信託の会社でも、少しずつですがクチコミのご紹介を中心にお客さまが増え、運用資産も100億を超えてきました。ただ、われわれがどうがんばっても、いまのやりかたでは当面は1000億円が限界だと思っています。ほんとうにいいファンドマネージャーは限られており、いいファンドほど、みずからのお金を組み入れているため、運用しやすいサイズにしておきたいという理由で、すぐファンドをクローズしてしまうからです。

ということで、われわれもいくらでもお預かりできるわけではありません。1000億円というと大きいと思われるかもしれませんが、日本の預貯金1000兆円の1万分の1にすぎません。ですから、日本のみなさんの運用をキチンとしようとすると、われわれのような運用会社が1万社も必要だという計算になります。そういう意味で、いまの金融機関のありかたに疑問を持ち、本来あるべき金融サービスを提供したいという志のあるかたに、どんどん独立し、自らも投資してもらって、〝あいのり〟できる投資を増やしてほしいのです。

5つの約束

正直、投資運用会社をはじめた当初は、自分のなかに迷いがありました。いくらスイスで、ほかではなかなか経験できない資産運用をしてきたと言っても、しょせんは門外漢の私が、本当にみなさまの大切な資産をお預かりしていいのかと。しかし、日本の金融業界の実態を知るにつけ、自分の迷いが危惧であったと確信を持つようになりました。むしろいまは、既存の金融機関と真反対の方向に独自の進化を遂げたいと思っています。そんな私たちがお客さまと約束していることがあります。それが以下の5つです。

①自分たちがいちばんいいと思うものを提供する

私たちのファンドは、自分たちだったらどんなファンドがほしいかという視点でつくられているもので、手数料収入を目的としているファンドとは一線を画しています。つねに自分たちでいちばんいいと思うものを選択し、お客さまと共有していきたいと思っています。

②長期で最高の運用成果を追求する

どんなファンドにも必ず「旬」があります。そこで、世界のプライベートバンクやファミリーオフィスと連携しながら、つねに新しく優秀なファンドを発掘していきます。そして、そのときどきの投資環境に合わせた、ベストなファンド・オブ・ファンズに組み替え続けることで、長期で最高の運用成果を実現できるよう努力していきます。

③納得のいく費用体系をめざす

長期投資において優位なパフォーマンスを上げるにはコストも重要な要素となります。現在売買手数料はすべて無料になっていますが、信託報酬についても、運用のクオリティを優先しながら、お客さまにとってより有利な水準に低減できるよう、経営努力を続けていきます。

④お客さまとの信頼関係を大切にする

ほんとうにすぐれた運用は、運用側だけではなく、お客さまとの長期の信頼関係のもと、お客さまといっしょにおこなうことで達成されます。長く運用をしていると、大きく相場が暴落する局面が必ずあります。実は長期投資で成功するにはこの暴落を活かすことが不可欠なのです。そんなときに「彼らなら絶対間違いない！」と確信をもって追加投資していただけるよう、強い信頼づくりを大切にしています。

⑤お客さまとリスクを共有する

世界的には、運用者も資産の多くをみずからのファンドに投資しているファンドしか信用されません。私たちクローバーのスタッフも、お客さまと同じ条件でファンドの顧客となることで、リスクを共有し、お客さまと同じ目線で、運用成果の追求や、コストの削減をみずからのこととして追求しています。われわれのファンドのなかには、グループ企業やその従業員も主要な顧客となっているものもあり、これも私たちの会社の大きな特徴となっています。

父を亡くして

個人的なことで恐縮ですが、２０１７年10月、父・裕訶が他界しました。86歳でした。大企業を退職し、時計店を経営していた祖父と二人三脚で世界的メガネチェーン店を築いた、圧倒的に存在感のある創業オーナーでした。経営におけるもっとも大切な考えかたを教わった最大の師であり、また最高の反面教師でもありました。最後の３日間だけでしたが、彼の希望どおり病院から私の熱海の自宅に移ってもらいました。最後はやっと聞こえるような声でしたが「感謝、感謝」とみなの手を握りしめて旅立ちました。母のときもそうでしたが、肉親の死に、あえて向き合いたいと思っていました。最近は生まれるときも病院、死を迎えるのも病院というケースが多いと思いますが、病院だと大変なこと、汚いことをすべてやってくれるので、「生」や「死」というものの実際を体感することがとてもむずかしくなっています。両親の「死」を体感することではじめて「ああ、人間は死ぬんだ」と実感できると思うのです。

世のなかで、ほんとうに確かなものといえば、「生」と「死」。その間にさまざまな出会いがあります。生きている間は、お金や、名誉や、体裁など、日々どうでもいいことに惑わされることが多いのですが、最終的に大事なのは、死に直面したときに自分の人生を振り返り「ほんとうによい人生だったと自分で思えること」だと思っています。両親の「死」と人生に正面から向き合うことは、自らの「死」も強く意識することになります。そのことが自らの人生をより深く考えることにつながっていくと思っています。

少しでもみなさまのよりよい人生に貢献できること、それはわれわれの人生にとってもすばらしい出来事です。われわれの実践している「あいのり投資」に、少しでも多くのかたに〝あいのり〟してもらえるように、これからも私自身の人生の生きがいとして、努力していきたいと思います。

最後に、一時は頓挫しかけた企画を応援してくださった株式会社集英社の常務取締役の茨木政彦さん。マイペースなおじさんふたりに愛のムチを駆使しながら、すばらしい本に仕上げてくれた敏腕編集長の志沢直子さん。ホンモノの金融に関する多くの示唆をくれたミスターKこと神谷尚之さん、そして、スイスの仲間たち。ユニークですぐれたファンドマネージャーのみなさん。新しい本を待ち望んで応援してくれたクローバー・アセットマネジメントのお客さま、スタッフたち。スイス時代の戦友である妻の弘子と息子の直槻。そしてたび重なる苦難にめげず、辛抱強くこの本を完成してくれた、愛すべき同級生の松尾仲弥くんに、心から感謝したいと思います。

みなさま、最後までお読みいただき、ありがとうございました。

装丁・デザイン
今井秀之

校 正
鷗来堂

編 集
志沢直子（集英社）

多根幹雄

たね・みきお●株式会社三城ホールディングス代表取締役会長。クローバー・アセットマネジメント株式会社代表取締役社長・運用部長。

「世界で一番お客様を幸せにするファンドでありたい」を合言葉に、顧客との信頼をベースとした長期の本格的な運用をめざしている。旗艦ファンドである『コドモファンド』は「一億人の投信大賞 外国株式部門」にて2年連続第1位（2016・2017年）を獲得。著書に『スイス人が教えてくれた「がらくた」ではなく「ヴィンテージ」になれる生き方』（主婦の友インフォス情報社）がある。

●クローバー・アセットマネジメント
https://www.clover-am.co.jp/

松尾伸弥

まつお・しんや●小説家&ライター。

1959年兵庫県姫路市生まれ。大学卒業後、集英社入社。『週刊プレイボーイ』『PLAYBOY日本版』『Seventeen』編集部を経て2001年よりフリーランス。松尾正徳名義での著書に『極楽パーティ』（角川書店）『レム睡眠の街』（講談社）。日本自動車連盟会員誌『JAF Mate』でコラム「JAFストーリー」を15年にわたり連載中。

●本書に掲載された情報はすべて2018年9月のものであり、今後変更する可能性があります。

●本書は特定の金融商品の推奨や投資・売買の勧誘を意図するものではありません。最終的な投資の判断は、最新の情報を確認し、ご自身の判断と責任で行ってください。

●本書に掲載されている特定の個別商品についての詳細情報につきましては銀行や証券会社などに直接お問い合わせください。

あいのり投資《とうし》

一生《いっしょう》お金《かね》の不安《ふあん》から解放《かいほう》される億万長者《おくまんちょうじゃ》の投資術《とうしじゅつ》

2018年11月10日　第1刷発行

著　者　多根幹雄《たねみきお》　松尾伸弥《まつおしんや》

発行者　茨木政彦

発行所　株式会社集英社

〒101-8050　東京都千代田区一ツ橋2-5-10

電話　編集部 03-3230-6143

読者係 03-3230-6080

販売部 03-3230-6393（書店専用）

印刷所　図書印刷株式会社

製本所　加藤製本株式会社

ISBN978-4-08-788002-1 C0033